이렇게
막힌
중률

KB022510

양식조리기능사
필기+실기 올인원

2권 · 실기

"이" 한 권으로 합격의 "기적"을 경험하세요!

YoungJin.com Y.
영진닷컴

차례

초성별 차례

스톡 조리

p.2-22 브라운 스톡

소스 조리

p.2-24 이탈리안 미트 소스

p.2-26 브라운 그래비 소스

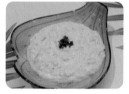

p.2-28 타르타르 소스

p.2-30 홀렌다이즈 소스

수프 조리

p.2-32 미네스트로니 수프

p.2-34 비프 콘소메

p.2-36 포테이토 크림 수프

p.2-38 프렌치 어니언 수프

전채 조리

p.2-40 피시 차우더 수프

p.2-42 참치 타르타르

p.2-44 쉬림프 카나페

p.2-46 프렌치 프라이드 쉬림프

샐러드 조리

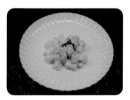

샌드위치 조리

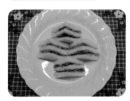

육류 조리

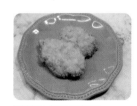

파스타 조리

조식 조리

시험 안내

01 자격증 취득과정

❶ 필기시험 원서접수

- 접수기간 내에 인터넷을 이용하여 원서접수를 할 수 있다.
  (비회원의 경우 우선 회원 가입을 하고, 사진을 등록한 후 접수를 한다.)
- 한국산업인력공단 홈페이지 : q-net.or.kr
- 필기 응시료 : 14,500원

❷ 필기시험

- 준비물 : 필기도구, 수험표, 신분증
- 시험과목 : 양식 재료관리, 음식조리 및 위생관리
- 문항수 : 총 60문항
- 합격기준 : 100점 만점에 60점 이상

❸ 필기 합격자 발표

CBT 필기시험은 시험종료 즉시 합격 여부를 발표한다.

❹ 실기시험 원서접수

- 접수 시 시험 날짜를 선택하며, 먼저 접수하는 수험자가 시험일자 및 시험장 선택의 폭이 넓다.
- 실기시험 자격 : 필기시험 합격자, 국가기술자격법 시행규칙 제18조에 의한 필기시험 면제 대상자
  (자세한 사항은 지역본부 및 지사로 문의)
- 실기 응시료 : 29,600원

❺ 실기시험

- 준비물 : 수험표, 신분증, 실기 도구
- 시험문항 : 양식은 30가지의 메뉴 중 무작위로 출제
- 합격기준 : 100점 만점에 60점 이상

❻ 실기 합격자 발표

q-net.or.kr에서 합격 여부를 확인한다.

❼ 자격증 교부
- 형태 : 수첩 형태의 자격증 발급
- 신청 절차 : q–net.or.kr에서 발급 신청
- 시험접수 관련 문의전화 : 1644–8000

02 실기 시험 진행 방법 및 주의사항

❶ 시험 전날 수검자 지참물을 준비 및 확인한다.
- 위생복, 앞치마, 위생모는 주름 없이 다려서 준비한다.
- 시험 시간과 장소를 확인하고 수검표, 주민등록증을 챙긴다.
- 행주, 면포, 키친타월을 넉넉히 준비한다.
- 매니큐어는 지우고 손톱을 짧게 깎는다.

❷ 시험 당일 진한 화장, 액세서리, 손목시계, 신발 등을 확인한다.

❸ 본인이 지급받은 재료와 목록표의 재료를 확인하여 부족하거나 없는 재료, 상태가 좋지 않은 재료는 추가 지급 또는 재료 교체를 요구한다(단, 시험이 시작된 후에는 재지급되지 않는다).

❹ 작품은 반드시 시험장 완성 그릇에 담아 제출하여야 한다(본인이 가져간 그릇을 사용하면 부정행위로 오인할 수 있다).

❺ 시험 도중 옆 사람과 대화하거나 재료, 도구 등을 빌리면 부정행위로 인정된다.

❻ 시험이 시작되면 손을 씻고 지급된 재료를 세척한 후 작업에 들어간다.

❼ 2가지 메뉴에 알맞게 재료를 분류하여 접시에 담는다.

❽ 시험 도중 재료나 조리 도구가 낙하하지 않도록 침착하게 시험에 임한다.

❾ 손을 베이거나 다치면 숨기지 말고 본부 위원의 도움을 받아 응급 조치를 취한 후 다시 시험에 임한다.

❿ 요구사항을 꼼꼼히 읽은 후 크기, 수량(mL, 개수, 전량), 작품 형태 등에 맞도록 한다.

⓫ 작품이 덜 익거나 반대로 태우면 실격으로 채점 대상에서 제외된다.

⓬ 수량이 미달되거나 1가지 작품만 제출하면 실격으로 채점 대상에서 제외된다.

⓭ 지급 재료 이외의 재료를 사용하면 실격으로 채점대상에서 제외된다.

⓮ 작품을 제출 후 개수대, 가스레인지 등을 깨끗이 정리하고 퇴실하여야 정리 정돈 점수에서 감점되지 않는다.

⓯ 시험이 시작되면 가스밸브가 열렸는지 확인하며 시험이 끝나면 가스밸브를 잠그고 퇴실한다.

재료명	규격	수량	재료명	규격	수량
계량스푼		1개	앞치마	흰색(남녀공용)	1개
계량컵		1개	위생모	흰색	1개
주걱		1개	위생복	상의-흰색, 긴소매 하의-긴바지(색상 무관)	1벌
냄비		1개	위생타올	키친타올, 휴지 등 유사품 포함	1장
젓가락	나무젓가락 필수 지참 (오믈렛용)	1개	종이컵		1매
랩, 호일		1개	칼	조리용 칼, 칼집 포함	1개
면포/행주	흰색	1장	테이블 스푼		2개
쇠조리 (혹은 체)		1개	후라이팬		1개
도마	흰색 또는 나무도마	1개	이쑤시개	산적꼬지 등 유사품 포함	1개
거품기	수동만 가능 (자동, 반자동 불가능)	1개	볼(bowl)		1개
다시백		1개	상비의약품	손가락 골무, 밴드 등	1개
가위		1개	마스크		1개
강판		1개	비닐백	위생백, 비닐봉지 등 유사품 포함	1장
채칼	(시저 샐러드용으로만)	1개	숟가락	차스푼 등 유사품 포함	1개
국대접	기타 유사품 포함	1개	접시	양념접시 등 유사품 포함	1개
국자		1개	종지		1개
뒤집개		1개	집게		1개
밥공기		1개			

▶ 지참준비물의 수량은 최소 필요수량이므로 수험자가 필요시 추가 지참 가능합니다.
▶ 지참준비물은 일반적인 조리용을 의미하며, 기관명, 이름 등 표시가 없는 것이어야 합니다.
▶ 지참준비물 중 수험자 개인에 따라 과제를 조리하는데 불필요하다고 판단되는 조리기구는 지참하지 않아도 됩니다.
▶ 지참준비물 목록에는 없으나 조리에 직접 사용되지 않는 조리 주방용품(예, 수저통 등)은 지참 가능합니다.
▶ 수험자지참준비물 이외의 조리기구를 사용한 경우 채점대상에서 제외(실격)됩니다.
▶ 위생상태 세부기준은 큐넷-자료실-공개문제에 공지된 "위생상태 및 안전관리 세부기준"을 참조하시기 바랍니다.

04 실기 시험 채점 기준표 및 출제기준

과목	세부항목	배점
공통 채점(10점)	위생복 착용, 위생 상태	3점
	조리 과정, 기구 취급	4점
	정돈, 청소	3점
조리 기술(60점)	조리 방법, 숙련도	30점 X 2
작품 평가(30점)	맛, 색, 모양, 그릇	15점 X 2
실격	(1) 가스레인지 화구 2개 이상(2개 포함) 사용한 경우 (2) 불을 사용하여 만든 조리 작품이 작품 특성에 벗어나는 정도로 타거나 익지 않은 경우 (3) 위생복, 위생모, 앞치마, 마스크를 착용하지 않은 경우 (4) 지정된 수험자 지참 준비물 이외의 조리기구를 사용한 경우 (5) 시험 중 시설·장비(칼, 가스레인지 등) 사용 시 감독위원 및 타수험자의 시험 진행에 위협이 될 것으로 감독위원 전원이 합의하여 판단한 경우 (6) 시험시간 내에 과제 두 가지를 제출하지 못한 경우 (7) 문제의 요구사항대로 과제의 수량이 만들어지지 않은 경우 (8) 구이를 찜으로 조리하는 등과 같이 조리 방법을 다르게 한 경우 (9) 해당 과제의 지급재료 이외의 재료를 사용하거나 석쇠 등 요구사항의 조리 도구를 사용하지 않은 경우	

직무 분야	중직무 분야	자격종목	적용기간
음식 서비스	조리	양식조리기능사	2023.1.1. ~ 2025.12.31.

- **직무내용** 양식메뉴 계획에 따라 식재료를 선정, 구매, 검수, 보관 및 저장하며 맛과 영양을 고려하여 안전하고 위생적으로 음식을 조리하고 조리기구와 시설관리를 수행하는 직무이다.
- **수행준거**
1. 음식조리 작업에 필요한 위생관련 지식을 이해하고, 주방의 청결상태와 개인위생·식품위생을 관리하여 전반적인 조리작업을 위생적으로 수행할 수 있다.
2. 주방에서 일어날 수 있는 사고와 재해에 대하여 안전기준 확인, 안전수칙 준수, 안전예방 활동을 할 수 있다.
3. 기본 칼 기술, 주방에서 업무수행에 필요한 조리기본 기능, 기본 조리방법을 습득하고 활용할 수 있다.
4. 육류, 어패류, 채소류 등을 활용하여 양식조리에 사용되는 육수를 조리할 수 있다.
5. 식욕을 돋우기 위한 요리로 육류, 어패류, 채소류 등을 활용하여 곁들여지는 소스 등을 조리할 수 있다.
6. 각종 샌드위치를 조리할 수 있다.
7. 어패류·육류·채소류·유제품류·가공식품류를 활용하여 단순 샐러드와 복합 샐러드, 각종 드레싱류를 조리할 수 있다.
8. 어패류·육류·채소류·유제품류·가공식품류를 활용하여 조식 등에 사용되는 각종 조식요리를 조리할 수 있다.

실기검정방법	작업형	시험시간	70분 정도

순번	구분	세부 기준
1	위생복 상의	• 전체 흰색, 손목까지 오는 긴소매 　– 조리과정에서 발생 가능한 안전사고(화상 등) 예방 및 식품위생(체모 유입방지, 오염도 확인 등) 관리를 위한 기준 적용 　– 조리과정에서 편의를 위해 소매를 접어 작업하는 것은 허용 　– 부직포, 비닐 등 화재에 취약한 재질이 아닐 것, 팔토시는 긴팔로 불인정 • 상의 여밈은 위생복에 부착된 것이어야 하며 벨크로(일명 찍찍이), 단추 등의 크기, 색상, 모양, 재질은 제한하지 않음(단, 핀 등 별도 부착한 금속성은 제외)
2	위생복 하의	• 색상 · 재질 무관, 안전과 작업에 방해가 되지 않는 발목까지 오는 긴바지 　– 조리기구 낙하, 화상 등 안전사고 예방을 위한 기준 적용
3	위생모	• 전체 흰색, 빈틈이 없고 바느질 마감처리가 되어 있는 일반 조리장에서 통용되는 위생모[모자의 크기, 길이, 모양, 재질(면 · 부직포 등)은 무관]
4	앞치마	• 전체 흰색, 무릎 아래까지 덮이는 길이 　– 상하 일체형(목끈형) 가능, 부직포 · 비닐 등 화재에 취약한 재질이 아닐 것
5	마스크	• 침액을 통한 위생상의 위해 방지용으로 종류는 제한하지 않음(단, 감염병 예방법에 따라 마스크 착용 의무화 기간에는 '투명 위생 플라스틱 입가리개'는 마스크 착용으로 인정하지 않음)
6	위생화(작업화)	• 색상 무관, 굽이 높지 않고 발가락 · 발등 · 발뒤꿈치가 덮여 안전 사고를 예방할 수 있는 깨끗한 운동화 형태
7	장신구	• 일체의 개인용 장신구 착용 금지(단, 위생모 고정을 위한 머리핀 허용)
8	두발	• 단정하고 청결할 것, 머리카락이 길 경우 흘러내리지 않도록 머리망을 착용하거나 묶을 것
9	손/손톱	• 손에 상처가 없어야 하나, 상처가 있을 경우 보이지 않도록 할 것(시험위원 확인 하에 추가 조치 가능) • 손톱은 길지 않고 청결하며 매니큐어, 인조손톱 등을 부착하지 않을 것
10	폐식용유 처리	• 사용한 폐식용유는 시험위원이 지시하는 적재장소에 처리할 것
11	교차오염	• 교차오염 방지를 위한 칼, 도마 등 조리기구 구분 사용은 세척으로 대신하여 예방할 것 • 조리기구에 이물질(예. 테이프)을 부착하지 않을 것
12	위생관리	• 재료, 조리기구 등 조리에 사용되는 모든 것은 위생적으로 처리하여야 하며, 조리용으로 적합한 것일 것
13	안전사고 발생 처리	• 칼 사용(손 빔) 등으로 안전사고 발생 시 응급조치를 하여야 하며, 응급조치에도 지혈이 되지 않을 경우 시험진행 불가
14	눈금표시 조리도구	• 눈금표시된 조리기구 사용 허용 (실격 처리되지 않음, 2022년부터 적용) (단, 눈금표시에 재어가며 재료를 쓰는 조리작업은 조리기술 및 숙련도 평가에 반영)

15	부정 방지	• 위생복, 조리기구 등 시험장 내 모든 개인물품에는 수험자의 소속 및 성명 등의 표식이 없을 것 (위생복의 개인 표식 제거는 테이프로 부착 가능)
16	테이프 사용	• 위생복 상의, 앞치마, 위생모의 소속 및 성명을 가리는 용도로만 허용

※ 위 내용은 안전관리인증기준(HACCP) 평가(심사) 매뉴얼, 위생등급 가이드라인 평가 기준 및 시행상의 운영사항을 참고하여 작성된 기준입니다.

06 위생상태 및 안전관리에 대한 채점기준 안내

위생 및 안전상태	채점 기준
1. 위생복(상/하의), 위생모, 앞치마, 마스크 중 한 가지라도 미착용한 경우 2. 평상복(흰티셔츠, 와이셔츠), 패션모자(흰털모자, 비니, 야구모자) 등 기준을 벗어난 위생복장을 착용한 경우	실격 (채점대상 제외)
3. 위생복(상/하의), 위생모, 앞치마, 마스크를 착용하였더라도 • 무늬가 있거나 유색의 위생복 상의 · 위생모 · 앞치마를 착용한 경우 • 흰색의 위생복 상의 · 앞치마를 착용하였더라도 부직포, 비닐 등 화재에 취약한 재질의 복장을 착용한 경우 • 팔꿈치가 덮이지 않는 짧은 팔의 위생복을 착용한 경우 • 위생복 하의의 색상, 재질은 무관하나 짧은 바지, 통이 넓은 힙합스타일 바지, 타이츠, 치마 등 안전과 작업에 방해가 되는 복장을 착용한 경우 • 위생모가 뚫려있어 머리카락이 보이거나, 수건 등으로 감싸 바느질 마감 처리가 되어있지 않고 풀어지기 쉬워 일반 조리장용으로 부적합한 경우 4. 이물질(예, 테이프) 부착 등 식품위생에 위배되는 조리기구를 사용한 경우	'위생상태 및 안전관리' 점수 전체 0점
5. 위생복(상/하의), 위생모, 앞치마, 마스크를 착용하였더라도 • 위생복 상의가 팔꿈치를 덮기는 하나 손목까지 오는 긴소매가 아닌 위생복(팔토시 착용은 긴소매로 불인정), 실험복 형태의 긴 가운, 핀 등 금속을 별도 부착한 위생복을 착용하여 세부기준을 준수하지 않았을 경우 • 테두리선, 칼라, 위생모 짧은 창 등 일부 유색의 위생복 상의 · 위생모 · 앞치마를 착용한 경우(테이프 부착 불인정) • 위생복 하의가 발목까지 오지 않는 8부바지 • 위생복(상/하의), 위생모, 앞치마, 마스크에 수험자의 소속 및 성명을 테이프 등으로 가리지 않았을 경우 6. 위생화(작업화), 장신구, 두발, 손/손톱, 폐식용유 처리, 안전사고 발생 처리 등 '위생상태 및 안전관리 세부기준'을 준수하지 않았을 경우 7. '위생상태 및 안전관리 세부기준' 이외에 위생과 안전을 저해하는 기타사항이 있을 경우	'위생상태 및 안전관리' 점수 일부 감점

※ 위 기준에 표시되어 있지 않으나 일반적인 개인위생, 식품위생, 주방위생, 안전관리를 준수하지 않을 경우 감점 처리될 수 있습니다.
※ 수도자의 경우 제복 + 위생복 상의/하의, 위생모, 앞치마, 마스크 착용 허용

국가기술자격 실기시험문제

자격종목	양식조리기능사	과 제 명	쉬림프카나페 (Shrimp canape)

※ 문제지는 시험종류 후 반드시 반납하시기 바랍니다.

비번호		시험일시		시험장명	

※ 시험시간 : 30분

1. 요구사항

※ 주어진 재료를 사용하여 다음과 같이 쉬림프카나페를 만드시오.

가. 새우는 내장을 제거한 후 미르포아(Mirepoix)를 넣고 삶아서 껍질을 제거하시오.

나. 달걀은 완숙으로 삶아 사용하시오.

다. 식빵은 지름 4cm의 원형으로 하고, 쉬림프카나페는 4개 제출하시오.

2. 수험자 유의사항

1) 만드는 순서에 유의하며, 위생과 숙련된 기능평가를 위하여 조리작업 시 맛을 보지 않습니다.

2) 지정된 수험자지참준비물 이외의 조리기구나 재료를 시험장내에 지참할 수 없습니다.

3) 지급재료는 시험 전 확인하여 이상이 있을 경우 시험위원으로부터 조치를 받고 시험 중에는 재료의 교환 및 추가지급은 하지 않습니다.

4) 요구사항 및 지급재료의 규격은 "정도"의 의미를 포함하며, 재료의 크기에 따라 가감하여 채점됩니다.

5) 위생복, 위생모, 앞치마, 마스크를 착용하여야 하며, 시험장비·조리기구 취급 등 안전에 유의합니다.

6) 다음 사항은 실격에 해당하여 **채점 대상에서 제외**됩니다.

　가) 수험자 본인이 시험 도중 시험에 대한 포기 의사를 표현하는 경우

　나) 위생복, 위생모, 앞치마, 마스크를 착용하지 않은 경우

　다) 시험시간 내에 과제 두 가지를 제출하지 못한 경우

　라) 문제의 요구사항대로 과제의 수량이 만들어지지 않은 경우

　마) 완성품을 요구사항의 과제(요리)가 아닌 다른 요리(예, 달걀말이→달걀찜)로 만든 경우

　바) 불을 사용하여 만든 조리작품이 작품특성에 벗어나는 정도로 타거나 익지 않은 경우

　사) 해당과제의 지급재료 이외 재료를 사용하거나, 요구사항의 조리기구(석쇠 등)로 완성품을 조리하지 않은 경우

　아) 지정된 수험자지참준비물 이외의 조리기술에 영향을 줄 수 있는 기구를 사용한 경우

　자) 가스레인지 화구 2개 이상(2개 포함) 사용한 경우

　차) 시험 중 시설·장비(칼, 가스레인지 등) 사용 시 시험위원 및 타수험자의 시험 진행에 위해를 일으킬 것으로 시험위원 전원이 합의하여 판단한 경우

　카) 요구사항에 표시된 실격 및 부정행위에 해당하는 경우

7) 항목별 배점은 위생상태 및 안전관리 5점, 조리기술 30점, 작품의 평가 15점입니다.

8) 시험시작 전 가벼운 몸 풀기(스트레칭) 동작으로 긴장을 풀고 시험을 시작합니다.

①

3. 지급재료목록

자격종목 (과제명)		양식조리기능사 (쉬림프카나페)			
일련 번호	재 료 명	규 격	단 위	수 량	비 고
1	새우	30~40g	마리	4	제조일로부터 하루 경과한 것
2	식빵	샌드위치 용	조각	1	
3	달걀		개	1	
4	파슬리	잎, 줄기 포함	줄기	1	
5	버터	무염	g	30	
6	토마토케첩		g	10	
7	소금	정제염	g	5	
8	흰 후춧가루		g	2	
9	레몬		개	1/8	길이(장축)로 등분
10	이쑤시개		개	1	
11	당근		g	15	둥근 모양이 유지 되게 등분
12	셀러리		g	15	
13	양파	중(150g)	개	1/8	

※ 국가기술자격 실기시험 지급재료는 시험종료 후(기권, 결시자 포함) 수험자에게 지급하지 않습니다.
※ 재료의 수급 상황에 따라 일부 지급재료가 변경될 수 있습니다.

※ 국가기술자격 시험문제는 저작권법상 보호되는 저작물이고, 저작권자는 한국산업인력공단입니다. 시험문제의 일부 또는
전부를 무단 복제, 배포, (전자) 출판하는 등 저작권을 침해하는 일체의 행위를 금합니다.

<국가기술자격 부정행위 예방 캠페인 : " 부정행위, 묵인하면 계속됩니다.">

01 루 만들기

• 루(Roux)는 버터와 밀가루를 1:1로 섞어 소스, 수프의 농도를 맞추는 데 쓰이는 농후제이다.
• 종류에는 '화이트 루, 브론드 루, 브라운 루'가 있지만, 시험에는 화이트 루와 브라운 루가 나온다.

1) 화이트 루(White Roux)
버터와 밀가루를 동량으로 섞는다. 소스의 농도에 따라서 밀가루를 1.5배 더 넣기도 한다. 화이트 루는 색이 나지 않도록 약한 불로 만든다. 피시 차우더 수프, 치킨 알라킹, 솔모르네에 사용한다.

2) 브론드 루(Blonde Roux)
버터와 밀가루를 동량으로 섞어 약불에서 중불 사이로 볶아서 황금색으로 만든다.

3) 브라운 루(Brown Roux)
버터와 밀가루를 동량으로 섞어 중불에서 강불 사이로 볶아 갈색으로 만든다. 약한 불로 볶으면 색이 더디게 나고 농두가 묽어지며, 강한 불로 볶으면 탄 냣이 날 수 있다. 냄비의 재질, 루의 양, 기술도에 따라 불의 세기를 조절할 수 있어야 한다.

02 닭 포 뜨기

1) 부위별로 분리하기

닭은 꽁지와 기름을 제거한다.

닭다리와 가슴살 부위를 나누고 닭 날개는 제거를 한다.

2) 닭다리 부위

닭다리는 발목 부분에 칼집을 넣어 돌린다. 이때 힘줄을 모두 끊어야 살이 잘 분리된다.

닭 뼈 쪽으로 칼집을 넣는다.

칼등으로 살을 쭉 밀어 뼈에서 살을 발라낸다.

첫 번째 뼈(종아리)에서 살을 다 밀면 관절 부분이 나온다. 칼날로 살을 분리한다. 두 번째 뼈(허벅지)도 칼등으로 밀어서 뼈에서 살을 분리한다.

나머지 뼈에 붙어 있는 살은 칼날로 긁어 살을 발라낸다.

닭다리에 있는 질긴 힘줄을 소금 묻힌 손으로 잡거나 행주로 잡아 칼등으로 밀어서 제거한다.

3) 닭가슴살 부위

가슴살을 손에 움켜 잡고 칼을 최대한 뼈
에 붙인 후 칼의 앞날로 긁어주며 포를
뜬다.

03 토마토 콩까세

콩까세는 토마토의 껍질과 씨를 벗기고 네모난 모양으로 굵게 다진 형태를 말한다.

토마토가 원형인 경우에는 십자(十)로 칼
집을 넣는다.

끓는 물에 소금을 넣고 데친다. 껍질이
벗겨질 때까지 약 30초~1분 정도 데친다.

토마토는 찬물에 헹구고 껍질과 씨를 제
거한다.

주어진 요구사항에 맞게 자른다.

양식 기본

01 기본 야채 썰기

1) 줄리앙(Julenne)
재료를 네모막대형으로 채 써는 것으로 크기에 따라 Fine Julienne, Julienne or Allumette, Batonnet이 있다.

2) 자르댕(Jardiniere)
채소를 3~4cm 길이로 네모지게 썬 것이다.

3) 쉬브(Sheveux)
머리카락처럼 가늘게 채 써는 것을 말한다.

4) 샤또(Chateau)
타원형 모양으로 깎는 것으로, 가운데가 볼록하고 양끝이 뾰족한 형태이다.

5) 빠리지엔(Parisienne)
둥근 구슬 모양으로 파내는 방법으로, 빠리지엔나이프를 사용한다.

6) 올리벳트(Olivette)
올리브 모양으로 둥글게 깎는 것을 말한다.

7) 다이스(Dice)
재료를 주사위 모양으로 써는 것으로, 정육각형이 기본이며 크기가 다양하다.

8) 브루누아(Brunoise)
줄리앙을 작게 자른 형태로 사방 3mm 정육면체의 주사위 모양으로 썬 것이다.

9) 마세동(Macedoine)
사방 8mm 정도의 주사위 모양으로 썬 것으로 샐러드에 자주 쓰이는 한입 크기이다.

10) 뻬이잔느(Paysanne)
두께를 얇게 하고 정사각형 모양으로 썬 것을 말한다. 미네스트로니 수프의 야채 크기가 이 크기이다.

11) 아세(Hacher)
잘게 썰고 각이 지게 다진 형태이다.

12) 찹(Chop)
음식의 재료를 잘게 다지는 것이다.

02 양식 주요 용어

1) 스톡(Stock)

피시스톡, 콘소메스톡, 치킨스톡, 브라운스톡 등이 있으며, 우리말로 하면 '육수'이다. 소스나 수프에서 베이스로 사용하는 국물이므로, 맛있는 맛이 용출될 수 있도록 찬물부터 재료를 넣고 끓인다.

2) 루(Roux)

버터와 밀가루를 1:1로 섞어 소스, 수프의 농도를 맞추는 데 쓰인다. 화이트 루, 브론드 루, 브라운 루, 세 가지가 있다.

3) 베샤멜 소스(Bechamel Sauce)

화이트 루에 스톡이나 물을 넣어 풀고, 우유를 넣은 하얀 크림 소스를 말한다.

4) 모르네 소스(Mornay Sause)

베샤멜(화이트) 소스에 치즈를 넣은 소스이다.

5) 부케가르니(Bouquet Garni)

월계수잎, 정향 등 향신료를 묶거나 꽂은 것으로 스톡, 소스, 수프에 넣어 향과 맛을 더해준다. 부케(꽃다발)처럼 생겨서 부케가르니라고 한다.

6) 미르포아(Mire-Poix)

양파, 당근, 셀러리 등 향이 나는 야채를 굵게 썰어서 혼합한 것으로 수프, 육수 등 향을 내는 음식에 주로 사용한다.

7) 쿠르부용(Court-Bouillon)

향신야채들을 넣어 끓인 물로 해산물을 데칠 때 사용하여 해산물이 싱싱하고 잡냄새가 나지 않도록 하게 한다.

8) 카나페(Canape)

식빵이나 스낵에 해산물, 치즈 등을 얹어 먹는 전채요리로 와인 안주나 핑거푸드로 먹는 음식이다.

9) 크루톤(Crouton)

수프나 샐러드와 함께 제공되는 튀기거나 구운 정육면체의 빵이다.

10) 어니언 브루리(Onion Brulee)

불어로 '불 태우다'라는 뜻으로, 양파를 볶으면서 갈색으로 만드는 것을 말한다.

11) 비네그레트(Vinaigrette)

식초, 레몬과 오일이 합쳐진 드레싱을 말한다. 야채 샐러드에 뿌려 먹는다.

12) 스크램블(Scramble)

재료를 저어서 거품이 생기게 하거나 볶는 조리 방법을 말한다.

13) 머랭(Meringye)

달걀 흰자에 설탕이나 향신료 등을 넣어 거품을 낸 것을 말한다.

14) 포우칭(Poaching)

끓는점 이하의 온도에서 천천히 조리하여 재료를 부드럽게 익히는 방법이다.

15) 딥팻후라이(Deep Fat Frying)

깊이가 있는 팬에 기름을 넉넉히 넣고 튀기는 방법이다.

16) 알라킹(A'la King)

베샤멜 소스에 야채와 함께 닭고기나 육류를 넣은 프랑스 요리이다.

03 식재료

1) 후추

매운맛과 자극적인 향은 식욕을 돋우고 나쁜 냄새 제거를 없애는 데 좋다. 육수나 편육을 끓일 때는 통후추를 넣어 잡냄새를 없애고, 파스타나 고기를 재울 때는 통후추를 갈아서 사용하는 것이 좋다. 통후추가 없을 경우에는 분말 형태로 된 후추를 간편하게 이용할 수 있다.

2) 팔각

8개의 꼭짓점이 있는 별 모양의 향신료로 매콤한 단맛과 독특한 향이 있다. 중국 음식을 만들 때 고기 요리에 많이 쓰이는 향신료이다.

3) 계피

후추, 정향과 더불어 3대 향신료 중의 하나로 청량감, 달콤, 고급스러운 향이 있다. 소시지, 햄 등의 가공식품에 쓰이고, 디저트나 음료에 이용되어 맛과 향을 낸다.

4) 칠리소스

매콤 · 새콤 · 달콤한 맛의 소스로 드레싱, 파스타 소스 등 여러 가지 요리에 다양하게 이용된다.

5) 바비큐소스

갈비, 스테이크, 햄버거 등의 요리에 재우거나 소스로 사용한다.

6) 굴소스

생굴을 소금물에 담가 발효시킨 농축액에 설탕, 녹말, 조미료 등을 첨가해 걸쭉한 액체로 만든 소스이다. 중식 요리에서 볶음, 탕 등에 많이 쓰이고 요리의 풍미를 내고 감칠맛을 낸다.

7) 핫소스

서양에서 매운 맛을 내는 데 쓰는 소스이다. 맵고 짠 맛이 기본이며 고기, 해물 등에 잘 어울린다.

8) 모짜렐라 치즈

모짜렐라 치즈는 부드러운 맛과 쫄깃한 식감이 있다. 오래 보관할 수 없는 단점이 있지만, 생 모짜렐라 치즈를 건조시켜서 보관성을 좋게 한 슈레드 모짜렐라 치즈도 있다.

9) 발사믹 식초

포도즙을 오크통에서 발효시킨 식초이다. 올리브오일과 섞어서 드레싱으로 사용하거나, 졸여서 구이나 소스로 사용한다.

10) 올리브유

올리브 열매의 기름을 추출해서 만드는 식물성 기름이다. 샐러드에 뿌려 먹거나 통조림이나 마요네즈 등에 사용하기도 한다.

11) 파슬리

서양 요리에서 가장 많이 쓰이는 향신료 중에 하나이다. 육수, 샐러드, 수프, 생선, 육류 요리 등에 다양하게 쓰인다.

12) 롤라로사

꽃상추처럼 꼬불거리는 야채로 붉고 짙은 녹색의 유럽 상추이다.

13) 치커리

샐러드나 쌈으로 먹으며, 쌉싸름한 맛이 있다.

14) 정향

정향나무의 꽃봉오리로 꽃이 피기 전 꽃봉오리를 수집하여 말린 향신료이다. 돼지고기 요리, 수프, 육수, 스튜 등에 첨가하여 맛을 낸다.

15) 바질

파스타, 피자, 소시지, 수프, 드레싱 등 다양하게 이용되는 향신료이다. 신선한 잎을 다져서 사용하기도 하고 잎을 말려서 가루 낸 제품으로 사용하기도 한다.

16) 오레가노

박하같은 톡 쏘는 향이 있고, 이태리와 멕시코 요리, 칠리 소스, 피자 소스 등에 이용한다.

17) 딜
녹색의 작은 깃털처럼 생긴 허브이다. 유럽에서 연어나 생선 요리에 많이 사용한다.

18) 차이브
실파처럼 생기고 양파향이 나는 향신료로, 샐러드나 수프에 많이 사용한다.

19) 처빌
어린 파슬리나 미나리잎처럼 생긴 허브이다. 샐러드, 생선 요리, 소스 등에 다양하게 사용한다.

20) 케이퍼
지중해의 식물로, 꽃봉오리로 만든 향신료이다. 연어와 함께 먹는다.

21) 그린 올리브
올리브 나무의 열매로 그린 올리브는 덜 익었을 때 수확하여 절임을 한다.

22) 머스타드

양겨자라고도 하며 겨자씨 껍질을 제거하고 식초, 와인, 물 등 재료를 첨가하여 홀
그레인머스타드보다 부드럽게 만든 제품이다.

23) 홀그레인머스타드

겨자씨가 통으로 들어 있는 머스타드이다. 일반 머스타드 소스보다 향이 강하고 씹히는 맛이 있다. 소스로 사용하거나 샌
드위치 소스로 많이 쓰인다.

24) 홀 토마토

이탈리아의 길쭉하고 색이 진한 토마토를 껍질 벗겨 통으로 토마토 주스에 담가 가
공시킨 제품으로 토마토 소스, 피자 등에 쓰인다. 토마토 가공 방법에 따라 토마토
페이스트, 토마토 퓨레도 있다. 페이스트는 토마토를 익혀 믹서에 갈고 농축시킨
것으로, 고추장처럼 걸쭉하면서 떫은맛이 있다.

25) 파마산 치즈

숙성시켜 단단해진 치즈로 맛이 진하고, 주로 갈아서 파스타, 수프 등의 이탈리아
요리에 쓰인다.

양식조리기능사
실기 공개문제

양식메뉴 계획에 따라 식재료를 선정, 구매, 검수, 보관 및 저장하며 맛과 영양을 고려하여 안전하고 위생적으로 음식을 조리하고 조리기구와 시설관리를 수행하는 직무이다.

브라운 스톡

▶ 합격 강의

조리법 스톡 조리   시험시간 30분   짝꿍과제 치즈 오믈렛 참치 타르타르

준비할 재료

소뼈 150g, 양파 1/2개, 당근 40g, 셀러리 30g, 토마토 1개, 파슬리 1줄기, 월계수잎 1잎, 정향 1개, 검은 통후추 4개, 무염 버터 5g, 식용유 50mL, 면실 30cm, 다임 1줄기, 다시백 1개

요구사항

주어진 재료를 사용하여 다음과 같이 브라운 스톡을 만드시오.

1. 스톡은 맑고 갈색이 되도록 하시오.
2. 소뼈는 찬물에 담가 핏물을 제거한 후 구워서 사용하시오.
3. 당근, 양파, 셀러리는 얇게 썬 후 볶아서 사용하시오.
4. 향신료로 사세 데피스(Sachet D'epice)를 만들어 사용하시오.
5. 완성된 스톡은 200mL 이상 제출하시오.

토마토는 끓는 물에 30초~1분간 데쳐서 껍질을 벗기고 3~4cm 정도로 썬다.

소뼈는 찬물에 담가 핏물을 빼고 끓는 물에 30초~1분 정도 데친다.

양파, 당근, 셀러리는 얇게 편을 썬다.

다시백에 다임, 파슬리 줄기, 월계수잎, 정향, 검은 통후추를 넣고 면실로 묶어 사세 데피스를 만든다.

하나의 팬에 약간의 식용유를 두르고 소뼈를 구운 후, 버터를 두르고 양파, 당근, 셀러리를 함께 갈색이 나게 굽는다.

냄비에 구운 야채, 소뼈, 사세 데피스, 토마토, 물 2~3컵을 넣어 강불로 뚜껑을 열고 끓인다. 끓으면 중불로 줄이고 거품을 제거한다.

10분 정도 끓이고 면포를 이용해 깨끗하게 걸러서 200mL 이상 제출한다.

기적의 TIP

- 소뼈는 찬물에 담가 핏물을 제거해야 국물이 탁하지 않다. 소뼈에 지방이 붙어 있으면 칼로 제거하여 사용하고, 만약 소뼈에 불순물이 많을 경우 끓는 물에 데쳐 사용하면 더 깨끗한 육수를 만들 수 있다.
- 브라운 스톡은 야채를 큼직하게 썰어 석쇠나 오븐에서 갈색이 나게 천천히 구워 만드는 갈색 육수이다. 시험장에서는 팬에 구워야 하기 때문에 넓게 저미는 방식으로 색을 내면 빠르고 타지 않게 브라운 스톡을 만들 수 있다.
- 요구사항에 제시된 양을 확인하여 부족하지 않도록 제출한다.

이탈리안 미트 소스

▶ 합격 강의

준비할 재료

양파(중, 150g) 1/2개, 소고기(살코기 갈은 것) 60g, 마늘 1쪽, 셀러리 30g, 캔 토마토(고형물) 30g, 무염 버터 10g, 토마토 페이스트 30g, 월계수잎 1잎, 파슬리 1줄기, 소금 2g, 검은 후춧가루 2g

요구사항

주어진 재료를 사용하여 다음과 같이 이탈리안 미트 소스를 만드시오.

1. 모든 재료는 다져서 사용하시오.
2. 그릇에 담고 파슬리 다진 것을 뿌려내시오.
3. 소스는 150mL 이상 제출하시오.

양파, 마늘, 셀러리는 0.2~0.3cm 정도로 고르게 다진다.

캔 토마토의 껍질과 씨를 제거하고 야채와 같은 크기로 다진다.

소고기는 키친타월로 핏물을 제거하고 입자가 굵으면 다진다.

파슬리는 잎 부분만 곱게 다지고 면포에 싸서 물에 헹구어 강한 맛과 향을 제거한 후, 키친타월 위에 수분 제거를 해둔다.

냄비(팬)에 버터를 두르고 약한 불에서 마늘, 소고기, 양파, 셀러리 순서로 볶는다.

토마토 페이스트, 캔 토마토를 넣고 1분 정도 약한 불에서 볶아 떫은 맛과 신맛을 없앤다.

물 2컵과 월계수잎을 넣고 센불에서 끓이다가 끓으면 중불로 줄이고 10분 정도 끓인다. 끓일 때 생기는 거품을 제거한다.

농도가 걸쭉해지면 월계수잎을 건져내고, 소금과 검은 후춧가루를 넣어 간을 맞춘다.

미트 소스를 150mL 이상 완성 그릇에 담고 파슬리 가루를 뿌린다.

🧑‍🍳 기적의 TIP

- 시험장에서 요구하는 채소와 고기의 사이즈는 없지만 0.2cm 정도로 다져서 부드러우면서 입자가 있는 소스를 만든다.
- 캔 토마토는 홀(필드) 토마토로 마트나 온라인에서 구매가 가능하다. 껍질은 대부분 제거가 되어 있지만 남아 있다면 제거하여 사용한다. 완숙 토마토이기 때문에 굵게 다져도 쉽게 뭉그러진다.
- 이탈리안 미트 소스는 냄비 또는 팬에서 볶는다.
- 완성 그릇은 밥 그릇, 국 그릇, 반찬 그릇 등이 어울린다.

브라운 그래비 소스

▶ 합격 강의

준비할 재료

양파 1/6개, 셀러리 20g, 당근 40g, 월계수잎 1잎, 정향 1개, 밀가루(중력분) 20g, 무염 버터 30g, 토마토 페이스트 30g, 브라운 스톡(물로 대체 가능) 300mL, 소금 2g, 검은 후춧가루 1g

요구사항

주어진 재료를 사용하여 다음과 같이 브라운 그래비 소스를 만드시오.

1. 브라운 루(Brown Roux)를 만들어 사용하시오.
2. 채소와 토마토 페이스트를 볶아서 사용하시오.
3. 소스의 양은 200mL 이상 제출하시오.

이렇게 썰기

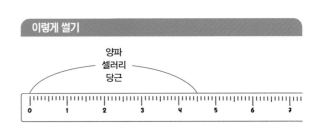

양파
셀러리
당근

양파, 셀러리, 당근은 4~5cm 길이로 두께는 0.2~0.3cm 정도로 채를 썬다.

월계수잎에 정향을 꽂아 부케가르니를 만든다.

팬에 버터를 두르고 양파, 당근, 셀러리 순으로 갈색이 나게 볶아 접시에 빼둔다.

냄비에 버터와 밀가루를 3큰술씩 넣어 브라운 루를 만든다. 중~강한 불로 주걱으로 루를 계속 볶아가며 진한 갈색이 나도록 볶는다.

토마토 페이스트 1큰술을 넣고 약한 불에서 볶아서 떫은 맛과 신맛을 없앤다.

물을 2컵 정도 넣고 월계수잎, 정향, 볶은 채소를 넣어 강불로 끓인다.

끓으면 거품을 제거하고 중불로 소스가 걸쭉해질 때까지 10분 정도 끓인다.

소금, 검은 후춧가루로 간을 하고 체에 거른다.

🧑‍🍳 기적의 TIP

- 채소의 정해진 사이즈는 없지만 가늘게 썰면 타고, 두껍게 썰면 색이 잘 나지 않는다.
- 끓이고 모두 체에 거르기 때문에 셀러리는 섬유질 제거를 하지 않는다.
- 양파나 셀러리가 남는다면 정향, 월계수잎을 꽂아 부케가르니로 사용한다.
- 브라운 루를 만들 때 강한 불로 볶으면 루가 쉽게 타고, 중불이나 약불로만 볶으면 색이 나지 않아 시간이 부족하다. 중불에서 볶다가 강불로 잠시 올렸다가 연기가 나면 불을 줄이면서 융통성 있게 조리해야 한다.
- 루를 만들 때 밀가루를 조금 더 넣으면 쉽게 농도가 나와 걸쭉한 소스를 만들 수 있다.

타르타르 소스

반복학습 1 2 3

조리법 소스 조리   시험시간 20분   짝꿍과제 모든 메뉴와 조합 가능

▶ 합격 강의

준비할 재료

마요네즈 70g, 오이피클(개당 25~30g짜리) 1/2개, 양파(중, 150g 정도) 1/10개, 레몬(길이로 등분) 1/4개, 파슬리 1줄기, 달걀 1개, 소금 2g, 흰 후춧가루 2g, 식초 2mL

요구사항

주어진 재료를 사용하여 다음과 같이 타르타르 소스를 만드시오.

1. 다지는 재료는 0.2cm 크기로 하고, 파슬리는 줄기를 제거하여 사용하시오.
2. 소스는 농도를 잘 맞추어 100mL 이상 제출하시오.

1

파슬리는 찬물에 담근다.

2

달걀은 소금 1작은술과 식초 1큰술을 넣고 완숙으로 삶는다. 강한 불에서 끓이다가 끓으면 중불로 줄이고, 끓기 시작한 시점부터 12~15분간 끓인다. 삶아진 달걀은 찬물에 넣어 식힌다.

3

양파는 0.2cm 정도의 크기로 다진 후 소금에 10분 정도 절여서 매운맛을 제거하고, 사용 전에 수분을 제거한다.

4

오이피클은 0.2cm 정도의 크기로 다지고 물기를 제거한다.

5

달걀은 흰자와 노른자로 나누어서 흰자는 0.2cm 정도의 크기로 다지고, 노른자는 물기 없는 체에 내린다.

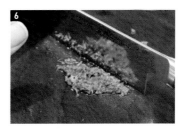

6

파슬리는 잎 부분만 곱게 다지고 면포에 싸서 물에 헹구어 강한 맛과 향을 제거하고, 수분 제거를 해둔다.

7

다진 양파, 오이피클, 달걀에 마요네즈 5큰술, 레몬즙, 식초, 소금, 흰 후춧가루를 넣어서 잘 섞어 농도를 맞춘다.

8

파슬리 가루를 뿌린다.

🍳 기적의 TIP

- 달걀의 크기에 따라 삶는 시간이 달라진다. 달걀이 안 익으면 실격이므로 끓기 시작한 시점부터 12분 이상 삶는다.
- 양파는 소금을 뿌리거나 소금물에 담그면 삼투압 작용에 의해 매운맛이 제거된다.
- 양파, 오이피클, 파슬리 등의 모든 재료는 수분을 제거하고 사용한다.
- 달걀 노른자 1개를 다 사용하면 색이 노랗게 되므로 색을 보면서 1/2개 정도로 조절하여 넣는다.
- 마요네즈는 5큰술 정도 넣어서 100mL 이상을 제출할 수 있도록 한다.
- 타르타르 소스는 새우튀김이나 생선 커틀렛에 곁들여 먹는 소스이므로 찍어 먹을 수 있는 되직한 소스로 만든다.
- 재료의 양이나 수분 함량에 따라 식초나 레몬즙이 들어가는 양이 다르므로 지급된 식초와 레몬을 이용해서 농도를 맞춘다.
- 파슬리는 위에 뿌리기도 하고, 버무리기도 한다.

홀렌다이즈 소스

▶ 합격 강의

준비할 재료

달걀 2개, 양파 1/8개, 레몬 1/4개, 식초 20mL, 무염 버터 200g, 검은 통후추 3개, 월계수잎 1잎, 파슬리 1줄기, 소금 2g, 흰 후춧가루 1g

요구사항

주어진 재료를 사용하여 다음과 같이 홀렌다이즈 소스를 만드시오.

1. 양파, 식초를 이용하여 허브에센스(Herb Essence)를 만들어 사용하시오.
2. 정제 버터를 만들어 사용하시오.
3. 소스는 중탕으로 만들어 굳지 않게 그릇에 담아내시오.
4. 소스는 100mL 이상 제출하시오.

양파는 굵게 다지고, 통후추는 으깬다.

다진 양파, 통후추, 월계수잎, 파슬리 줄기, 식초 1큰술, 물 반컵을 넣고 약한 불에서 2큰술 정도 남을 때까지 끓인다.

허브에센스를 면포에 깨끗하게 거르고 식혀둔다.

버터를 잘라서 작은 공기에 담고 냄비에 물에 끓여 약불로 중탕하여 녹인다. 중탕 후 위에 뜨는 거품을 제거하고 바닥에 가라앉은 불순물은 사용하지 않고 투명한 정제 버터만 사용한다.

냄비에 따뜻한 물을 준비하고, 대접에 노른자, 버터 중탕한 것, 허브에센스를 나란히 세팅한다.

달걀 노른자에 녹인 버터를 조금씩 넣어가며 한 방향으로 휘핑한다.

마지막에 허브에센스, 레몬즙으로 농도를 조절하고 소금, 흰 후추로 간을 한다.

기적의 TIP

- 허브에센스는 면포에 걸러 사용하기 때문에 양파의 크기는 크게 상관없다.
- 허브에센스는 약불로 천천히 끓여야 양파와 월계수잎 등의 향이 우러나온다.
- 버터를 중탕할 때 약불이나 중불로 끓이며, 이때 버터에 물이 들어가지 않도록 주의한다.
- 버터, 향신즙은 모두 식혀서 사용하여야 달걀 노른자가 익지 않는다.
- 겨울철에는 그릇, 스테인리스 거품기, 실내 온도에 따라서 소스가 분리될 수 있으므로 따뜻한 물을 준비하여 대접을 데워가면서 만들어야 한다.
- 허브에센스와 레몬즙은 약 1~2큰술 정도 넣는 편이지만 소스의 농도에 따라 들어가는 양이 다르다.

미네스트로니 수프

▶ 합격 강의

반복학습 1 2 3 조리법 수프 조리   시험시간 30분   짝꿍과제 쉬림프 카나페, 치킨 커틀렛

준비할 재료

양파(중, 150g) 1/4개, 셀러리 30g, 당근 40g, 무 10g, 양배추 40g, 스트링빈스(냉동, 채두 대체 가능) 2줄기, 완두콩 5알, 토마토 1/8개, 파슬리 1줄기, 베이컨 1/2조각, 마늘 1쪽, 스파게티 2가닥, 무염 버터 5g, 토마토 페이스트 15g, 소금 2g, 검은 후춧가루 2g, 치킨 스톡(물로 대체 가능) 200mL, 월계수잎 1잎, 정향 1개

요구사항

주어진 재료를 사용하여 다음과 같이 미네스트로니 수프를 만드시오.

1. 채소는 사방 1.2cm, 두께 0.2cm로 써시오.
2. 스트링빈스, 스파게티는 1.2cm의 길이로 써시오.
3. 국물과 고형물의 비율을 3:1로 하시오.
4. 전체 수프의 양은 200mL 이상으로 하고 파슬리 가루를 뿌려내시오.

이렇게 썰기

채소
스트링빈스
스파게티

1
냄비에 넉넉하게 물을 끓여서 소금 1작은술을 넣고 스파게티를 7분 정도 삶은 후 1.2cm 정도로 자른다. 면이 다 삶아지면 그 물에 토마토와 베이컨을 각각 30초 정도 데친다.

2
데친 토마토는 찬물에 헹구고 껍질과 씨를 제거한 후 사방 1.2cm, 두께 0.2cm 정도로 자른다. 베이컨도 같은 크기로 썬다.

3
양파, 셀러리, 당근, 무, 양배추는 사방 1.2cm, 두께 0.2cm로 자른다. 스트링빈스는 1.2cm로 자른다. 셀러리는 섬유질을 제거하고 자른다.

4
마늘과 파슬리는 다진다. 부케가르니는 월계수잎과 정향으로 준비한다.

5
냄비에 버터 1작은술을 두르고 약한 불에서 마늘을 볶아 향을 빼고 약~중불로 베이컨, 양파, 당근, 셀러리, 무, 양배추 순서로 타지 않게 볶는다.

6
약한 불에서 토마토페이스트, 토마토를 넣고 떫은 맛을 없앤다. 물 2컵과 부케가르니를 넣는다.

7
끓으면 거품을 걷어내고 중불로 줄인 후 완두콩, 스트링빈스, 스파게티를 넣는다.

8
5분 정도 끓으면 부케가르니를 건져내고 소금, 검은 후춧가루로 간을 한다.

9
국물과 고형물의 비율이 3:1이 되게 담고 파슬리 가루를 뿌린다.

기적의 TIP

- 스파게티는 찬물로 헹구지 않는다.
- 시간을 절약하기 위해 면 삶은 물에 토마토와 베이컨을 데친다. 물의 양이 적거나 지저분하다면 새로 물을 끓여서 사용한다.
- 스트링빈스, 완두콩은 캔 제품이나 냉동으로 지급된다.
- 재료를 볶을 때 다진 마늘이 탈 수 있으므로 약한 불로 살짝 볶는다.

비프 콘소메

▶ 합격 강의

조리법 수프 조리   시험시간 40분   짝꿍과제 프렌치 어니언 수프, BLT 샌드위치

준비할 재료

달걀 1개, 소고기(살코기, 갈은 것) 70g, 양파 1개, 당근 40g, 셀러리 30g, 토마토 1/4개, 파슬리 1줄기, 검은 통후추 1개, 정향 1개, 월계수잎 1잎, 비프 스톡(물로 대체 가능) 500mL, 소금 2g, 검은 후춧가루 2g

요구사항

주어진 재료를 사용하여 다음과 같이 비프 콘소메를 만드시오.

1. 어니언 브루리(Onion Brulee)를 만들어 사용하시오.
2. 양파를 포함한 채소는 채 썰어 향신료, 소고기, 달걀 흰자 머랭과 함께 섞어 사용하시오.
3. 수프는 맑고 갈색이 되도록 하여 200mL 이상 제출하시오.

1 양파는 반으로 자르고, 당근과 셀러리는 채를 썰고, 소고기는 기름기와 핏물을 제거한다.

2 토마토는 끓는 물에 30초 정도 데쳐서 껍질과 씨를 제거하고 굵게 다진다.

3 부케가르니로 월계수잎, 정향, 통후추, 파슬리 줄기를 준비한다.

4 팬에서 중~강불로 양파를 갈색이 나도록 어니언 브루리를 한다.

5 흰자는 한 방향으로 휘핑하여 흐르지 않을 정도로 거품을 낸다.

6 달걀 흰자에 당근, 셀러리, 소고기, 토마토, 부케가르니를 살살 섞는다.

7 냄비에 물 3~4컵을 넣고 어니언 브루리, 머랭에 야채 섞은 것(과정 6)을 넣어 끓인다. 도넛 모양으로 거품 중간에 구멍을 만들고 강한 불로 끓인다. 끓으면 약한 불로 줄여 은근히 끓인다.

8 국물이 맑아지면 소금, 검은 후춧가루로 간을 하고 체와 면포로 깨끗하게 거른다. 완성 분량 200mL 이상을 담아낸다.

🎩 기적의 TIP

- 어니언 브루리란 양파의 색을 갈색으로 내는 것을 의미한다. 채를 썰어 볶을 수도 있고, 반을 갈라 통으로 구울 수도 있다.
- 머랭은 한 방향으로 빠르게 젓고, 그릇과 거품기에는 물이 없어야 한다. 흰자에 공기가 들어가게 그릇을 기울이고 거품기를 타원형으로 젓는다. 머랭은 물에 넣기 직전에 만들어서 거품이 사그라들지 않도록 해야 한다.
- 강한 불로 끓이면 국물이 탁하므로 약한 불로 끓이는데, 물이 끓어오르지 않는 약불이면 국물이 맑아지는 데 오래 걸린다. 약불이지만 보글보글 끓는 느낌이 있도록 끓여야 한다.
- 불순물이 머랭에 흡수되어 국물이 맑아지므로 오래 끓일수록 비프 콘소메가 맑아진다. 체에 거른 후 국물이 부족하다고 머랭을 짜면 다시 탁해지므로 완성 분량이 부족한 경우에는 물을 보충하여 끓인다.
- 비프 콘소메에는 버터가 지급되지 않으니 실수로 넣는 일이 없도록 한다.

포테이토 크림 수프

▶ 합격 강의

　　조리법 수프 조리　　시험시간 30분　　짝꿍과제 참치 타르타르, 비프 스튜

준비할 재료

감자(200g 정도) 1개, 대파(흰 부분 10cm) 1토막, 양파(150g 정도) 1/4개, 식빵 1조각, 무염 버터 15g, 치킨 스톡(물로 대체 가능) 270mL, 생크림 20mL, 소금 2g, 흰 후춧가루 1g, 월계수잎 1잎

요구사항

주어진 재료를 사용하여 다음과 같이 포테이토 크림 수프를 만드시오.

1. 크루통(Crouton)의 크기는 사방 0.8~1cm로 만들어 버터에 볶아 수프에 띄우시오.
2. 익힌 감자는 체에 내려 사용하시오.
3. 수프의 색과 농도에 유의하고 200mL 이상 제출하시오.

이렇게 썰기

크루통

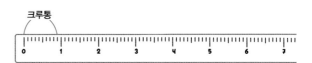

감자는 껍질을 벗기고 얇게 편을 썰어서 찬물에 담근다. 볶기 전에 체에 받쳐 물기를 제거한다.

양파는 결대로 채를 썰고, 대파는 파란 심지를 버리고 흰 부분만 채를 썬다.

냄비에 버터를 약간 두르고 양파와 대파를 색이 나지 않게 약한 불로 볶는다. 물기를 제거한 감자를 넣어 살짝 볶고 물을 2컵, 월계수잎을 넣고 끓인다.

끓으면 거품을 제거하고 뚜껑을 닫아 감자가 모두 익을 때까지 중불에서 10~15분 정도 뭉근히 끓인다.

감자를 끓이는 동안 크루통을 준비한다. 식빵을 0.8~1cm 크기의 정육면체로 자른 후 팬에 버터를 두르고 볶는다.

체에 감자를 곱게 내리고 생크림 1큰술, 소금, 흰 후춧가루를 섞어 다시 끓인다.

그릇에 완성 분량 200mL 이상을 담고 크루통을 띄워 낸다.

🍳 기적의 TIP

- 감자는 갈변 방지와 전분 제거를 위해 찬물에 담갔다가 사용한다.
- 대파의 파란 심지가 들어가면 크림 수프의 색이 좋지 못하므로 대파의 흰 부분만 사용한다.
- 불이 세거나 감자의 전분이 잘 제거되지 않으면 감자가 냄비 바닥에 들러붙으며 색이 변한다.
- 수프를 끓일 때 감자의 크기에 따라 물의 양이 다른데, 한 컵 반에서 두 컵 정도 넣는다.
- 감자가 충분히 익은 후 체에 내려야 잘 내려오므로, 끓이는 중간에 주걱으로 으깨어서 확인해 본다. 감자가 식거나, 물이 너무 적거나, 감자가 익지 않으면 체에서 잘 내려가지 않는다.
- 나무 주걱을 이용해서 체에 내려야 크림 수프의 색이 변하지 않는다.

프렌치 어니언 수프

▶ 합격 강의

준비할 재료

양파(150g 정도) 1개, 바게트빵 1
조각, 마늘 1쪽, 파슬리 1줄기, 무
염 버터 20g, 소금 2g, 검은 후춧가
루 1g, 파마산 치즈 가루 10g, 백
포도주 15mL, 맑은 스톡(비프 스
톡 또는 콘소메, 물로 대체 가능)
270mL

요구사항

**주어진 재료를 사용하여 다음과 같이 프렌치 어니
언 수프를 만드시오.**

1. 양파는 5cm 크기의 길이로 일정하게 써시오.
2. 바게트빵에 마늘버터를 발라 구워서 따로 담아
   내시오.
3. 수프의 양은 200mL 이상 제출하시오.

이렇게 썰기

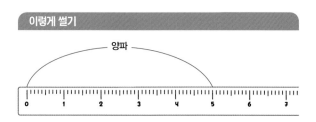

양파

양파는 양끝 뿌리와 끝을 자르고 5cm 길이로 자른다. 결대로 일정하고 가늘게 채를 썬다.

냄비에 버터를 두르고 약~중불에서 양파를 갈색이 나도록 볶는다. 색이 나면 백포도주 1큰술을 넣어 냄비 바닥의 양파 맛과 색을 우려낸다. 물을 한 큰술씩 넣어가면서 계속 갈색으로 볶는다.

양파의 색이 나면 물 400mL를 넣어 끓인다. 끓으면 중불로 줄여서 5분 정도 더 끓이고 소금, 검은 후춧가루로 간을 한다.

수프가 끓는 동안 마늘과 파슬리를 다져 버터 1작은술과 섞는다.

바게뜨빵에 과정 4의 마늘버터를 바르고 팬에서 굽는다. 갈색이 나면 파마산 치즈를 뿌린다.

끓인 어니언 수프를 담고 마늘빵은 따로 그릇에 담아 제출한다.

🍳 기적의 TIP

- 양파의 굵기가 일정하도록 채를 썰어야 볶았을 때 양파의 색이 골고루 잘 난다.
- 양파를 볶을 때에는 버터를 소량 사용해야 탁해지지 않는다.
- 양파를 볶을 때 지나치게 많이 뒤섞으면 양파가 부서져 탁해지고, 그냥 두면 바닥이 탄다. 적당히 잘 볶아 양파의 색이 골고루 나게 한다.
- 수프를 끓이면서 거품을 제거해야 맑게 나온다.
- 마늘버터는 한 면 또는 양면에 바른다.

피시 차우더 수프

▶ 합격 강의

준비할 재료

대구살 50g, 감자 1/4개, 베이컨 1/2조각, 양파 1/6개, 셀러리 30g, 무염 버터 20g, 밀가루 15g, 우유 200mL, 소금 2g, 흰 후춧가루 2g, 정향 1개, 월계수잎 1잎

요구사항

주어진 재료를 사용하여 다음과 같이 피시 차우더 수프를 만드시오.

1. 차우더 수프는 화이트 루(Roux)를 이용하여 농도를 맞추시오.
2. 채소는 0.7cm × 0.7cm × 0.1cm, 생선은 1cm × 1cm × 1cm 크기로 써시오.
3. 대구살을 이용하여 생선스톡을 만들어 사용하시오.
4. 수프는 200mL 이상 제출하시오.

이렇게 썰기

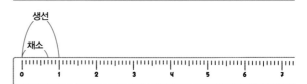

대구살은 사방 1~1.2cm 크기로 썬다. 물 2컵을 끓이고, 대구살을 익혀서 뺀다. 물은 깨끗하게 면포로 걸러서 육수로 사용한다.

베이컨은 사방 0.7cm 정도로 자르고, 끓는 물에 데친다.

감자, 양파, 셀러리는 사방 0.7cm, 두께 0.1cm로 자른다. 감자는 찬물에 담근다.

월계수잎과 정향으로 부케가르니를 만든다.

팬에 버터를 두르고 양파, 셀러리, 감자 순서로 볶는다.

냄비에 버터 2큰술과 밀가루 2큰술을 넣어 약한 불에서 화이트 루를 만든다. 피시스톡을 1큰술씩 나누어 넣으면서 멍울이 지지 않게 하여 총 1.5~2컵 정도를 넣는다.

루가 묽어지면 부케가르니, 채소, 베이컨을 넣어 중불로 끓인다. 끓으면 거품을 제거하고, 걸쭉해지면 우유 1컵을 넣는다.

농도를 걸쭉하게 다시 맞추고 대구살을 넣은 후 소금, 흰 후춧가루로 간을 한다.

🍳 기적의 TIP

- 대구살은 익으면서 줄어들기 때문에 약간 크게 자른다.
- 대구살을 이용해 스톡을 만들고, 사용한 대구살은 내용물로 넣는다.
- 보통 육수는 찬물부터 끓이는데 대구의 상태가 작고 안 좋다면 생선이 부서질 수 있으므로 끓는 물에 넣어 생선살이 많이 부서지지 않도록 해야 한다.
- 화이트 루는 색이 나지 않아야 하므로 약한 불에서 1분 미만으로 볶는다.
- 대구살은 부서질 수 있으므로 베사멜 소스를 만들고 마지막 단계에서 넣는다.

참치 타르타르

▶ 합격 강의

준비할 재료

붉은색 참치살(냉동) 80g, 양파 1/8개, 그린 올리브 2개, 케이퍼 5개, 올리브오일 25mL, 레몬 1/4개, 핫소스 5mL, 처빌 2줄기, 꽃소금 5g, 흰 후춧가루 3g, 차이브 5줄기(실파로 대체 가능), 롤라로사 2잎[꽃(적)상추로 대체 가능], 그린 치커리 2줄기, 붉은색 파프리카(5~6cm 정도 길이) 1/4개, 노란색 파프리카 1/8개, 오이 1/10개, 파슬리 1줄기, 딜 3줄기, 식초 10mL

*지참 준비물 추가(테이블스푼 : 퀜넬용) 2개

요구사항

주어진 재료를 사용하여 다음과 같이 참치 타르타르를 만드시오.

1. 참치는 꽃소금을 사용하여 해동하고, 3~4mm의 작은 주사위 모양으로 썰어 양파, 그린 올리브, 케이퍼, 처빌 등을 이용하여 타르타르를 만드시오.
2. 채소를 이용하여 샐러드 부케를 만들어 곁들이시오.
3. 참치 타르타르는 테이블 스푼 2개를 사용하여 퀜넬(Quenelle) 형태로 3개를 만드시오.
4. 채소 비네그레트는 양파, 붉은색과 노란색의 파프리카, 오이를 가로세로 2mm의 작은 주사위 모양으로 썰어서 사용하고 파슬리와 딜은 다져서 사용하시오.

양파는 곱게 다지고 매운맛을 제거하기 위해 소금물에 10분 정도 절인다. 매운맛이 빠진 양파는 소금기를 씻어내고 수분을 제거한다.

붉은색 파프리카는 반은 채를 썰고, 반은 2mm 정도로 곱게 다진다. 다진 파프리카는 수분을 제거한다.

오이는 돌려 깎아 껍질 부분만 2mm로 다지고 수분을 제거한다.

그린 올리브, 케이퍼, 처빌, 노란색 파프리카, 파슬리, 딜은 2mm로 다지고 수분을 제거한다.

붉은 참치살은 꽃소금에 5분 정도 해동하고 면포에 감싸 수분을 제거한 후, 3~4mm의 주사위 모양으로 썬다.

물을 끓여서 차이브(실파)의 1~2줄을 데친 후, 찬물에 헹군다.

샐러드 부케 – 롤라로사[꽃(적)상추], 그린 치커리, 차이브(실파), 붉은색 파프리카 채를 잘 감싸서 데친 차이브로 샐러드 채소를 묶어 나무처럼 서있게 한다.

타르타르 – 참치살, 양파, 그린 올리브, 케이퍼, 처빌, 소금, 흰 후춧가루, 핫소스 1작은술, 레몬즙 1작은술, 올리브오일 1작은술을 섞어 양념하고 퀜넬용 스푼 2개를 이용해서 모양을 단단하게 3개 만든다.

비네그레트 – 양파, 오이, 붉은색 파프리카, 노란색 파프리카, 파슬리, 딜, 식초 1큰술, 소금, 흰 후춧가루, 올리브오일 2큰술을 거품기로 잘 섞어서 오일이 분리되지 않게 한다.

기적의 TIP

- 요구사항을 보고 각 채소가 어디에 쓰이는지 나누면 편리하다.
  - 샐러드 부케 : 롤라로사[꽃(적)상추], 그린 치커리, 차이브(실파), 붉은색 파프리카 채
  - 참치 타르타르 : 참치살, 양파, 그린 올리브, 케이퍼, 처빌, 소금, 흰 후춧가루, 핫소스, 레몬즙, 올리브오일
  - 비네그레트 : 양파, 오이, 붉은색 파프리카, 노란색 파프리카, 파슬리, 딜, 식초, 소금, 흰 후춧가루, 올리브오일
  - 나눠 써야 하는 채소 : 양파, 붉은색 파프리카, 차이브
- 참치에 수분이 많으면 단단하게 모양이 잡히지 않고 비네그레트를 뿌렸을 때 분리되므로 핫소스, 레몬즙, 올리브유는 1작은술 정도로 소량만 사용하고, 채소와 참치의 물기를 제거한다.

쉬림프 카나페

반복학습 1 2 3 　　조리법 전채 조리 　　시험시간 30분 　　짝꿍과제 홀렌다이즈 소스, 해산물 샐러드

준비할 재료

새우 4마리, 식빵 1조각, 달걀 1개, 파슬리 1줄기, 무염 버터 30g, 토마토케첩 10g, 소금 5g, 흰 후춧가루 2g, 레몬 1/8개, 이쑤시개 1개, 당근 15g, 셀러리 15g, 양파 1/8개

요구사항

주어진 재료를 사용하여 다음과 같이 쉬림프 카나페를 만드시오.

1. 새우는 내장을 제거한 후 미르포아(Mirepoix)를 넣고 삶아서 껍질을 제거하시오.
2. 달걀은 완숙으로 삶아 사용하시오.
3. 식빵은 지름 4cm의 원형으로 하고, 쉬림프 카나페는 4개 제출하시오.

이렇게 썰기

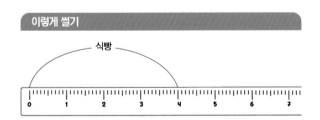

식빵

1 양파, 당근, 셀러리를 큼직하게 썰어서 미르포아를 만든다. 파슬리는 찬물에 담가둔다.

2 새우는 2~3번째 마디에 이쑤시개를 찔러 내장을 제거한다.

3 냄비에 양파, 당근, 셀러리, 파슬리 줄기, 레몬, 소금을 넣고 끓인다.

4 끓는 물에 껍질째 새우를 넣어 익힌다. 새우가 물에 뜨면 20~30초 정도 후에 건져서 펼쳐 놓고 식힌다.

5 식은 새우는 머리와 껍질을 제거하고 반으로 자르거나 등 쪽에 반만 포를 떠서 서있을 수 있게 한다. 새우의 모양은 다양하게 할 수 있다.

6 달걀이 충분히 잠길 만큼 물을 넣고 강한 불에서 끓이다가 중불로 줄여서 12~15분간 끓인다. 달걀의 노른자가 중앙에 올수 있도록 끓기 시작하는 시점부터 7분 정도는 계속 저어가면서 끓인다. 삶아진 달걀은 찬물에 식힌다.

7 식은 달걀은 껍질을 까고 일정한 두께로 저며서 4개를 만든다.

8 빵은 4등분하고 지름 4cm 정도의 동그란 모양으로 자른 후, 마른 팬에 앞뒤로 굽는다. 한 면에만 버터를 바른 후 눅눅해지지 않도록 젓가락 위에 올려둔다.

9 케첩 1큰술과 흰 후춧가루를 섞어 소스를 만든다. 빵 위에 달걀, 새우를 올리고 케첩 소스를 가운데에 올린다. 파슬리잎으로 장식을 한다.

🧑‍🍳 기적의 TIP

- 미르포아는 양파, 당근, 셀러리를 2:1:1로 하고 주사위 모양으로 썰어 소스나 육수를 만들 때 사용한다. 쉬림프 카나페에서는 새우를 익히는 데 잡냄새를 없애는 목적으로 사용하기 때문에 채소의 사이즈는 크게 상관이 없다.
- 겨울철에는 온도차로 인해 달걀을 삶다가 깨지는 경우가 있으므로, 지급 받는 즉시 물에 담가 온도차를 줄여 안전하게 삶아야 한다.
- 달걀을 찬물에 식히지 않으면 녹변 현상이 일어나므로 삶은 후 찬물에 식혀 사용한다.
- 달걀이 충분히 식지 않으면 달걀을 자르다가 흰자나 노른자가 부서질 수 있으며, 달걀을 썰 때에는 비벼서 썰도록 한다.
- 달걀을 한 번 자른 후에는 칼의 이물질을 닦은 후 다시 달걀을 자르기를 반복한다.

프렌치 프라이드 쉬림프

▶ 합격 강의

준비할 재료

새우 4마리, 밀가루(중력분) 80g, 흰설탕 2g, 달걀 1개, 소금 2g, 흰 후춧가루 2g, 식용유 500mL, 레몬 1/6개, 파슬리 1줄기, 냅킨(흰색, 기름 제거용) 2장, 이쑤시개 1개

요구사항

주어진 재료를 사용하여 다음과 같이 프렌치 프라이드 쉬림프를 만드시오.

1. 새우는 꼬리 쪽에서 1마디 정도 껍질을 남겨 구부러지지 않게 튀기시오.
2. 달걀 흰자를 분리하여 거품을 내어 튀김반죽에 사용하시오.
3. 새우튀김은 4개를 제출하시오.
4. 레몬과 파슬리를 곁들이시오.

파슬리는 찬물에 담근다.

새우는 2~3번째 마디에 이쑤시개를 찔러 넣어 내장을 빼고, 꼬리 쪽의 뾰족한 물총을 제거한다. 껍질은 꼬리 쪽 1마디를 제외하고 머리를 포함하여 모두 벗긴다. 다리 쪽에 사선으로 칼집을 3번 정도 넣고 꼬리 쪽에는 새우 길이 방향으로 칼집을 넣는다. 소금과 흰 후춧가루로 밑간을 한다.

달걀을 노른자와 흰자로 분리한 후 노른자에 소금 한 꼬집, 설탕 한 꼬집을 넣고, 찬물을 1큰술 넣어 섞는다. 체에 친 밀가루를 2~3큰술 넣어 되직하게 만든다.

거품기를 이용하여 달걀 흰자로 단단하게 머랭을 만든다.

머랭과 노른자 반죽을 섞는다. 이때 머랭을 조금씩 넣으면서 가볍게 섞는다.

새우는 덧밀가루를 입히고, 튀김 반죽을 묻힌다.

튀김 팬에 기름을 넉넉히 넣고 150~160℃ 정도의 온도에 새우를 2~3분간 튀긴다.

튀긴 새우는 기름기를 제거하고, 접시에 파슬리는 왼쪽, 레몬은 오른쪽으로 장식하고 새우는 꼬리를 모아 장식한다.

🍳 기적의 TIP

- 새우에는 칼집을 2/3 깊이로 깊게 넣고, 마디를 손으로 끊어야 새우가 구부러지지 않는다.
- 머랭은 가급적 늦게 만들고, 반죽을 만들 때 살살 섞어야 양질의 튀김이 된다.
- 반죽에는 찬물을 넣어야 바삭한 튀김이 되고, 반죽을 많이 섞지 않아야 질기지 않다.

사우전 아일랜드 드레싱

▶ 합격 강의

준비할 재료

마요네즈 70g, 오이피클(개당 25~30g짜리) 1/2개, 양파(150g 정도) 1/6개, 레몬(길이로 등분) 1/4개, 달걀 1개, 청피망(75g) 1/4개, 토마토케첩 20g, 소금 2g, 흰 후춧가루 1g, 식초 2mL

요구사항

주어진 재료를 사용하여 다음과 같이 사우전 아일랜드 드레싱을 만드시오.

1. 드레싱은 핑크빛이 되도록 하시오.
2. 다지는 재료는 0.2cm 크기로 하시오.
3. 드레싱은 농도를 잘 맞추어 100mL 이상 제출하시오.

달걀은 소금 1작은술과 식초 1큰술을 넣고 완숙으로 삶는다. 강한 불에서 끓이다가 끓으면 중불로 줄인 후, 끓기 시작한 시점부터 12~15분간 끓인다. 삶은 달걀은 찬물에 식힌다.

양파는 0.2cm 정도의 크기로 다져서 소금에 10분 정도 절여 매운맛을 제거하고, 사용 전에 수분을 제거한다.

오이피클, 피망은 0.2cm 정도의 크기로 다지고 물기를 제거한다.

달걀은 흰자와 노른자로 나누어서 흰자는 0.2cm 정도의 크기로 다지고, 노른자는 물기가 없는 체에 내린다.

마요네즈 4큰술, 케첩 1.5~2큰술을 넣어 핑크빛으로 색을 맞추고 다진 양파, 오이 피클, 달걀, 피망, 레몬즙, 식초, 소금, 흰 후춧가루를 넣은 후 잘 섞어 농도를 맞춘다.

🍳 기적의 TIP

- 달걀의 크기에 따라 삶는 시간이 달라진다. 달걀이 안 익으면 실격이므로 끓기 시작한 시점부터 12분 이상 삶는다.
- 양파는 소금을 뿌리거나 소금물, 물에 담그면 삼투압 작용에 의해 매운맛이 제거된다.
- 사우전 아일랜드 드레싱은 케첩과 마요네즈를 1:3으로 넣으면 핑크빛이 된다.
- 마요네즈는 4큰술 이상 넣어 100mL 이상을 제출할 수 있도록 한다.
- 사우전 아일랜드 드레싱은 샐러드 드레싱으로 뿌려 먹거나 비벼 먹는다. 그래서 잘 섞일 수 있게끔 타르타르 소스보다는 조금 묽게 흐를 수 있도록 만든다.

시저 샐러드

반복학습 1 2 3 　　조리법 샐러드 조리 　　시험시간 35분 　　짝꿍과제 브라운 스톡, 스파게티 카르보나라

준비할 재료

달걀 60g 2개, 디존 머스타드 10g, 레몬 1개, 로메인 상추 50g, 마늘 1쪽, 베이컨(길이 25~30cm) 1조각, 앤초비 3개, 올리브오일(Extra Virgin) 20mL, 카놀라 오일 300mL, 식빵 1쪽, 검은 후춧가루 5g, 파미지아노 레기아노 치즈(덩어리) 20g, 화이트와인식초 20mL, 소금 10g

요구사항

주어진 재료를 사용하여 다음과 같이 시저 샐러드를 만드시오.

1. 마요네즈(100g 이상), 시저드레싱(100g 이상), 시저 샐러드(전량)를 만들어 3가지를 각각 별도의 그릇에 담아 제출하시오.
2. 마요네즈(Mayonnaise)는 달걀 노른자, 카놀라 오일, 레몬즙, 디존 머스타드, 화이트와인식초를 사용하여 만드시오.
3. 시저 드레싱(Caesar Dressing)은 마요네즈, 마늘, 앤초비, 검은 후춧가루, 파미지아노 레기아노, 올리브오일, 디존 머스타드, 레몬즙을 사용하여 만드시오.
4. 파미지아노 레기아노는 강판이나 채칼을 사용하시오.
5. 시저 샐러드(Caesar Salad)는 로메인 상추, 곁들임[크루통(1cm×1cm), 구운 베이컨(폭 0.5cm), 파미지아노 레기아노], 시저 드레싱을 사용하여 만드시오.

로메인 상추는 깨끗하게 씻어 찬물에 담가 싱싱하게 하고, 4~5cm로 썬다.

식빵은 1×1cm 정육면체로 썰어 마른 팬에 구워 크루통을 만든다.

베이컨은 0.5cm 폭으로 썰어 팬에 볶아 기름기를 뺀다.

달걀 노른자 2개를 넓은 볼에 넣고, 카놀라 오일을 1~2방울씩 넣으며 거품기로 한 방향으로 빠르게 저어준다. 지급된 카놀라 오일 300mL를 모두 넣는다.

소금, 레몬즙 1~2큰술, 디존 머스타드 1작은술, 화이트와인식초 1큰술을 넣어 농도와 색을 맞춘다. 만든 마요네즈를 100g 이상 그릇에 덜어 놓는다.

마늘과 앤초비는 곱게 다진다. 파미지아노 레기아노 치즈는 강판에 간다.

나머지 마요네즈에 마늘, 앤초비, 디존 머스타드, 레몬즙, 파미지아노 레기아노 치즈를 넣고 올리브오일을 조금씩 넣으며 거품기를 이용해 한 방향으로 빠르게 젓는다. 만든 시저 드레싱을 100g 이상 그릇에 덜어 놓는다.

로메인 상추와 1큰술 정도의 시저 드레싱을 넣어 수저와 젓가락으로 가볍게 섞는다.

접시에 샐러드를 담고 크루통과 베이컨으로 장식을 한 후, 파미지아노 레기아노 치즈를 강판에 갈아 뿌린다.

기적의 TIP

- 과정 4~5번은 마요네즈를 만드는 방법, 과정 6~7번은 시저 드레싱을 만드는 방법이다.
- 마요네즈를 만든 후 100g 이상 그릇에 덜어내고 나머지 마요네즈로 시저 드레싱을 만든다. 마찬가지로 시저 드레싱도 만든 후 100g 이상 그릇에 미리 담고 나머지 드레싱에 로메인을 버무려야 한다. 마요네즈와 시저 드레싱이 100g 미만이면 실격이다.
- 식용유를 한 번에 많이 넣으면 분리가 될 수 있으므로 주의한다.
- 시저 샐러드는 제출 직전에 버무려야 채소가 숨이 죽지 않고, 드레싱의 색이 변하지 않는다.

월도프 샐러드

▶ 합격 강의

준비할 재료

사과 1개, 셀러리 30g, 호두 2개, 레몬 1/4개, 소금 2g, 흰 후춧가루 1g, 마요네즈 60g, 양상추(잎상추 대체 가능) 20g(2잎), 이쑤시개 1개

요구사항

주어진 재료를 사용하여 다음과 같이 월도프 샐러드를 만드시오.

1. 사과, 셀러리, 호두알을 1cm의 크기로 써시오.
2. 사과의 껍질을 벗겨 변색되지 않게 하고, 호두알의 속껍질을 벗겨 사용하시오.
3. 상추 위에 월도프 샐러드를 담아 내시오.

이렇게 썰기

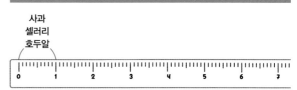

사과
셀러리
호두알

양상추는 찬물에 담그고, 잎 부분 위주로 잘라서 준비한다.

호두는 미지근한 물에 충분히 불리고 이 쑤시개로 속껍질을 제거한 후, 1cm로 썬다.

셀러리는 섬유질을 제거하고 1cm로 썬다.

사과는 사방 1cm로 썰고 레몬즙, 물에 담가서 갈변되지 않게 한다. 사과는 체와 면포를 이용해 물기를 제거하고 사용한다.

마요네즈 1~2큰술, 레몬즙 1작은술, 소금, 흰 후춧가루를 넣어 소스를 만들고 사과, 셀러리, 호두를 넣어 버무린다.

그릇에 (양)상추를 깔고 버무린 월도프 샐러드를 담는다.

🍳 기적의 TIP

- 사과는 미리 썰어두면 갈변되므로 제출 직전에 썰어서 바로 버무리는 것이 좋다. 미리 썰어두었다면 갈변 방지를 한다.
- 마요네즈에 사과 등의 재료를 미리 버무리면 물이 생기므로 제출 직전에 버무린다.
- 마요네즈를 많이 사용하면 샐러드가 질어질 수 있으므로 주의한다.
- 호두의 일부를 다져서 월도프 샐러드 위에 뿌리기도 하지만 필수 사항은 아니다.

포테이토 샐러드

▶ 합격 강의

준비할 재료

감자(150g 정도) 1개, 양파(중, 150g) 1/6개, 파슬리 1줄기, 소금 5g, 흰 후춧가루 1g, 마요네즈 50g

요구사항

주어진 재료를 사용하여 다음과 같이 포테이토 샐러드를 만드시오.

1. 감자는 껍질을 벗긴 후 1cm의 정육면체로 썰어서 삶으시오.
2. 양파는 곱게 다져 매운맛을 제거하시오.
3. 파슬리는 다져서 사용하시오.

이렇게 썰기

감자

감자는 껍질을 벗겨서 1cm 정도의 정육 면체로 썰고 찬물에 담가 갈변을 방지 한다.

끓는 물에 소금 1작은술을 넣고 감자를 익힌 후, 이쑤시개나 젓가락으로 찔러 잘 들어가는지 체크한다. 감자는 찬물로 헹구지 않고 물기를 빼면서 식힌다.

양파는 곱게 다져서 소금물에 10~20분 정도 절인다. 소금기를 헹구고 면포로 물기를 제거한다.

파슬리는 잎 부분만 곱게 다지고 면포에 싸서 물에 헹구어 강한 맛과 향을 제거 하고, 수분 제거를 해둔다.

식은 감자, 양파에 마요네즈 1~2큰술을 넣고 소금과 흰 후춧가루로 간을 한다. 재료가 뭉치지 않게 버무린다.

파슬리를 포테이토 샐러드 위에 뿌린다.

기적의 TIP

- 감자를 삶고 난 후에도 남은 열에 의해 익기 때문에 90%만 익힌 뒤 뺀다. 단, 익지 않으면 실격이므로 최종적으로는 감자가 100% 익어야 한다. 감자를 너무 많이 익히면 부서질 수 있다.
- 감자가 뜨거울 때 마요네즈를 버무리면 마요네즈가 투명해지므로, 감자가 충분히 식은 후 마요네즈를 넣고 버무린다.
- 파슬리 가루는 버무릴 때 넣기도 하고, 위에만 뿌려서 제출하기도 한다.

해산물 샐러드

▶ 합격 강의

반복학습 1 2 3 　　조리법 샐러드 조리　　시험시간 30분　　짝꿍과제 쉬림프 카나페, 치킨 알라킹

준비할 재료

새우 3마리, 관자살 1개, 피홍합 3개, 중합 3개, 양파 1/4개, 마늘 1쪽, 실파 1뿌리, 그린치커리 2줄기, 양상추 10g, 롤라로사[꽃(적)상추로 대체 가능] 2잎, 올리브오일 20mL, 레몬 1/4개, 식초 10mL, 딜 2줄기, 월계수잎 1잎, 셀러리 10g, 흰 통후추(검은 통후추 대체 가능) 3개, 소금 5g, 흰 후춧가루 5g, 당근 15g

요구사항

주어진 재료를 사용하여 다음과 같이 해산물 샐러드를 만드시오.

1. 미르포아(Mirepoix), 향신료, 레몬을 이용하여 쿠르부용(Court Bouillon)을 만드시오.
2. 해산물은 손질하여 쿠르부용(Court Bouillon)에 데쳐 사용하시오.
3. 샐러드 채소는 깨끗이 손질하여 싱싱하게 하시오.
4. 레몬 비네그레트는 양파, 레몬즙, 올리브오일 등을 사용하여 만드시오.

1 양파, 당근, 셀러리는 네모난 형태로 크게 자르고, 마늘, 레몬, 월계수잎, (흰)통후추와 함께 준비한다.

2 냄비에 쿠르부용 재료를 넣고 물은 해산물이 잠길 정도로 넉넉하게 넣어 끓인다.

3 새우는 2~3번째 마디에 이쑤시개를 넣어 내장을 제거하고, 관자는 막을 제거한 후 0.3cm 두께로 썬다. 홍합은 소금물에 비벼 씻고, 중합은 소금물에 해감한다.

4 쿠르부용에 해산물을 데쳐낸다. 관자가 하얗게 변하고, 조개가 입을 벌리면 건진다. 새우는 물에 둥둥 뜬 후 20~30초기 다려 꺼낸다.

5 새우는 식은 후 껍질을 제거하고, 조개는 살을 껍데기에서 분리해 놓는다.

6 샐러드 채소인 그린치커리, 양상추, 딜, 롤라로사, 실파는 한입 크기로 뜯고 찬물에 담가 싱싱하게 한다. 접시에 담을 때는 면포로 물기를 제거한다.

7 남겨둔 양파는 곱게 다져서 소금(물)에 10분 정도 절여 매운맛을 제거한다.

8 식초 1큰술, 레몬즙 1큰술, 소금, 흰 후추, 다진 양파, 올리브오일 2큰술을 섞은 후, 거품기로 잘 저어서 분리되지 않게 하여 레몬 비네그레트를 만든다.

9 샐러드 채소를 담고 해산물을 올린 후, 비네그레트 소스를 제출 직전에 뿌린다.

🍴 기적의 TIP

- 양파와 레몬은 쿠르부용과 비네그레트에 두 군데 사용해야 하므로 반으로 나눈다.
- 해산물을 오래 익히면 질겨지고 새우살은 부서지므로 오래 익히지 않아야 하며, 덜 익으면 실격이므로 주의한다.
- 비네그레트는 분리되지 않도록 거품기를 사용하면 좋고, 올리브오일을 조금씩 나누어 넣는다.

베이컨, 레터스, 토마토 샌드위치

▶ 합격 강의

준비할 재료

식빵(샌드위치용) 3조각, 양상추(2잎, 잎상추로 대체 가능) 20g, 토마토(둥근 모양) 1/2개, 베이컨(길이 25~30cm) 2조각, 마요네즈 30g, 소금 3g, 검은 후춧가루 1g

요구사항

주어진 재료를 사용하여 다음과 같이 베이컨, 레터스, 토마토 샌드위치를 만드시오.

1. 빵은 구워서 사용하시오.
2. 토마토는 0.5cm 두께로 썰고, 베이컨은 구워서 사용하시오.
3. 완성품은 4조각으로 썰어 전량을 제출하시오.

마른 팬에 약한 불로 식빵의 앞뒤를 노릇하게 굽는다. 빵의 수분기를 날리며 빵을 구운 후, 따뜻한 식빵은 공기가 통하게 세워두거나 젓가락 위에 올린다.

(양)상추는 찬물에 담가 싱싱하게 해두고, 사용 전에 식빵 크기만하게 자르거나 찢는다.

토마토는 0.5cm 정도의 링 모양으로 자르고 소금을 뿌린 후, 수분이 빠지도록 키친타월 위에 올려둔다.

베이컨은 팬에서 앞뒤로 구우면서 검은 후춧가루를 뿌린다. 구운 베이컨은 키친타월에 기름기가 빠지게 둔다.

구운 식빵이 식으면 마요네즈를 바른다. 두 장에는 한 면에, 한 장은 양면에 마요네즈를 바른다.

'빵 → 양상추 → 토마토 → 빵 → 양상추 → 베이컨 → 빵' 순서로 쌓는다.

빵 가장자리의 껍질 부분을 자르고 ×모양으로 잘라 4조각을 만든다.

🧑‍🍳 기적의 TIP

- 베이컨, 레터스, 토마토 샌드위치를 BLT 샌드위치라고도 한다.
- 빵이 눅눅해지는 것을 방지하기 위해 식을 때까지 공기가 통하게 두는 것이 좋다.
- 양상추와 토마토의 수분과 베이컨의 기름기가 없도록 제거한다.
- 샌드위치가 눌리지 않도록 손에 힘을 빼고 칼로 슬근슬근 비벼 자른다.

햄버거 샌드위치

▶ 합격 강의

준비할 재료

소고기(살코기, 방심) 100g, 양파 1
개, 셀러리 30g, 빵가루 30g, 소금
3g, 검은 후춧가루 1g, 양상추 20g,
토마토 1/2개, 무염 버터 15g, 햄버
거 빵 1개, 식용유 20mL, 달걀 1개

요구사항

주어진 재료를 사용하여 다음과 같이 햄버거 샌드위치를 만드시오.

1. 빵은 버터를 발라 구워서 사용하시오.
2. 고기에 사용되는 양파, 셀러리는 다진 후 볶아서 사용하시오.
3. 고기는 미디움 웰던(Medium-wellden)으로 굽고, 구워진 고기의 두께는 1cm로 하시오.
4. 토마토, 양파는 0.5cm 두께로 썰고 양상추는 빵 크기에 맞추시오.
5. 샌드위치는 반으로 잘라 내시오.

팬에 버터를 두르고 약한 불에서 빵을 토스트한다.

양파는 0.5cm 두께의 링 모양으로 썰고, 나머지는 곱게 다진다.

셀러리는 섬유질을 제거하고 곱게 다진다.

토마토는 0.5cm 두께로 썰어 소금을 뿌려두고 수분을 제거한다. 양상추는 빵크기로 찢는다.

마른 팬에서 다진 양파와 셀러리를 볶아서 식혀둔다.

소고기는 핏물과 기름기, 힘줄을 제거하고 곱게 다진다.

소고기, 볶은 양파, 볶은 셀러리, 달걀 1큰술, 빵가루 1큰술, 소금, 검은 후춧가루를 넣어 섞고 많이 치댄다.

패티는 햄버거 빵보다 지름이 1cm 정도 크게, 두께는 0.7cm 정도로 만든다. 팬에 식용유를 두르고 패티를 약~중불에서 앞뒤로 미디움 웰던으로 타지 않게 굽는다.

빵 사이에 양상추, 패티, 토마토, 양파를 넣고 반을 잘라서 제출한다.

기적의 TIP

- 양파와 셀러리는 팬에서 색이 나지 않게 볶고 식힌다. 뜨거운 채소를 고기에 넣으면 고기가 익어서 냄새가 난다.
- 패티를 많이 치대야 고기가 단단하고 부서지지 않는다.
- 패티에 달걀을 많이 넣거나 채소에 수분이 많으면 질어져서 모양을 만들기가 쉽지 않다.
- 패티는 익으면서 두께는 두꺼워지고 지름은 작아지므로 고려하여 모양을 만든다.

바베큐 폭찹

▶ 합격 강의

반복학습 1 2 3 | 조리법 육류 조리 | 시험시간 40분 | 짝꿍과제 미네스트로니 수프, 치즈 오믈렛

준비할 재료

돼지갈비(살 두께 5cm 이상, 뼈를 포함한 길이 10cm) 200g, 토마토 케첩 30g, 우스터 소스 5mL, 황설탕 10g, 양파 1/4개, 소금 2g, 검은 후춧가루 2g, 셀러리 30g, 핫소스 5mL, 무염 버터 10g, 식초 10mL, 월계수잎 1잎, 밀가루(중력분) 10g, 레몬 1/6개, 마늘 1쪽, 비프스톡(물로 대체 가능) 200mL, 식용유 30mL

요구사항

주어진 재료를 사용하여 다음과 같이 바베큐 폭찹을 만드시오.

1. 고기는 뼈가 붙은 채로 사용하고 고기의 두께는 1cm로 하시오.
2. 양파, 셀러리, 마늘은 다져 소스로 만드시오.
3. 완성된 소스는 농도에 유의하고 윤기가 나도록 하시오.

돼지갈비는 찬물에 담가 핏물을 제거한다. 뼈를 한쪽에 두고 살만 옆으로 발라서 두께 0.5cm 정도로 포를 뜬다. 칼등으로 두드리고 칼끝으로 콕콕 찔러서 연육을 한다. 소금, 검은 후춧가루로 밑간을 한다.

양파, 셀러리, 마늘을 다진다.

팬에 식용유를 두르고 갈비의 앞뒤로 밀가루를 묻힌 후, 노릇하게 지진다. 키친타월에 올려 기름기를 제거한다.

냄비(팬)에 버터를 두르고 약~중불로 마늘, 양파, 셀러리를 볶는다.

케첩 2큰술, 황설탕 1작은술, 핫소스 1작은술, 우스터 1작은술, 식초 1작은술, 월계수잎, 레몬즙, 물 1컵을 넣어 끓인다.

소스가 걸쭉해지면 지져놓은 갈비를 넣어 익힌다.

🎩 기적의 TIP

- 갈비의 뼈에서 살을 거의 발라내고 한쪽 끝에만 고기가 붙어있게 한다. 갈비는 근육 조직이 많으므로, 많이 두드려서 부드럽게 만들어 오그라들지 않게 한다.
- 갈비를 팬에서 지질 때 뼈 쪽이 잘 익지 않아 실격되는 사례가 많으므로, 핏물이 나오지 않도록 잘 익힌다.
- 팬에서 갈비가 다 익지 않았다면 소스에서 조금 더 익혀 제출한다.

비프 스튜

▶ 합격 강의

준비할 재료

소고기(살코기, 덩어리) 100g, 당근 70g, 양파 1/4개, 셀러리 30g, 감자 1/3개, 마늘 1쪽, 토마토 페이스트 20g, 밀가루(중력분) 25g, 무염 버터 30g, 소금 2g, 검은 후춧가루 2g, 파슬리 1줄기, 월계수잎 1잎, 정향 1개

요구사항

주어진 재료를 사용하여 다음과 같이 비프 스튜를 만드시오.

1. 완성된 소고기와 채소의 크기는 1.8cm의 정육면체로 하시오.
2. 브라운 루(Brown Roux)를 만들어 사용하시오.
3. 파슬리 다진 것을 뿌려 내시오.

이렇게 썰기

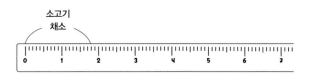
소고기
채소

1 셀러리는 섬유질을 제거하고 감자는 찬물에 담근다. 양파, 당근, 감자, 셀러리는 1.8cm 정도의 정육면체로 자른다. 당근과 감자는 모서리를 다듬어서 부서짐을 방지한다.

2 파슬리와 마늘은 다진다. 월계수 잎과 정향으로 부케가르니를 만든다.

3 소고기는 핏물을 제거하고 2cm 정도의 정육면체로 잘라서 소금, 검은 후춧가루로 밑간을 한다.

4 팬에 버터를 두르고 마늘, 양파, 당근, 감자, 셀러리 순서로 약~중불로 색이 나지 않게 볶는다.

5 소고기는 밀가루를 묻히고 팬에 버터를 두른 후 겉이 노릇하게 중~강불로 볶는다.

6 냄비에 버터 2큰술, 밀가루 2큰술을 넣어 약~중불에서 볶으면서 갈색의 루를 만든다. 페이스트 1큰술을 넣어 약한 불에서 1분 정도 볶아 떫은 맛과 신맛을 없앤다.

7 물 2컵과 부케가르니, 볶아 놓은 야채와 소고기를 모두 넣는다.

8 끓으면 거품을 제거하고 감자와 당근이 익을 때까지 중불로 뭉근히 끓인다. 농도가 걸쭉해지면 부케가르니는 빼고, 소금과 검은 후춧가루로 간을 한다.

9 비프 스튜를 담고 파슬리 가루를 뿌린다.

기적의 TIP

- 소고기는 익으면서 크기가 줄어들기 때문에 조금 크게 성형한다.
- 브라운 루는 약한 불로 하면 시간이 오래 걸리고 루가 묽어지므로 중불로 볶는다. 볶는 기술이 늘고 시간을 줄이고 싶다면 강불에서 볶아도 되지만 강불로만 볶으면 거뭇거뭇한 루가 되고 탄맛이 난다. 화력과 조리 기술에 따라 불의 세기를 조절할 수 있어야 한다.
- 스튜는 뭉근히 끓인 걸쭉한 요리이다. 재료가 익지 않으면 실격이므로 마지막 제출 전에 이쑤시개나 젓가락으로 찔러서 익었는지 확인한다.

살리스버리 스테이크

▶ 합격 강의

반복학습 1 2 3   조리법 육류 조리   시험시간 40분   짝꿍과제 브라운 스톡, 시저 샐러드

준비할 재료

소고기(살코기 갈은 것) 130g, 양파 1/6개, 달걀 1개, 우유 10mL, 빵가루 20g, 소금 2g, 검은 후춧가루 2g, 식용유 150mL, 감자 1/2개, 당근 70g, 시금치 70g, 흰 설탕 25g, 무염 버터 50g

요구사항

주어진 재료를 사용하여 다음과 같이 살리스버리 스테이크를 만드시오.

1. 살리스버리 스테이크는 타원형으로 만들어 고기 앞, 뒤의 색을 갈색으로 구우시오.
2. 더운 채소(당근, 감자, 시금치)를 각각 모양 있게 만들어 곁들여 내시오.

이렇게 썰기

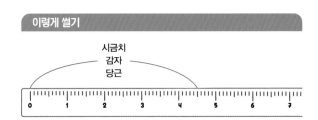

시금치
감자
당근

시금치는 뿌리 부분을 정리하고 끓는 물에 소금을 넣고 살짝 데친다. 찬물에 헹궈서 물기를 빼고 4~5cm로 썬다.

감자의 길이는 4~5cm, 폭과 넓이는 0.8~1cm 정도의 막대 모양으로 4개 정도 잘라서 찬물에 담가 전분을 제거한다. 끓는 물에 반 정도 익혀서 빼고 찬물에 헹구지 않는다.

당근은 두께 0.5cm 정도의 원형으로 3개 정도 자르고 지름 4~5cm로 각을 돌려 깎아서 끓는 물에 데쳐 낸다.

데친 당근은 설탕 1큰술, 버터 1작은술, 물 1/4컵을 넣고 윤기나게 조린다.

양파는 곱게 다져서 1/2은 마른 팬에 볶아 식혀둔다. 팬에 버터를 두르고 약한 불로 나머지 양파를 볶다가 시금치를 볶고, 소금과 검은 후춧가루로 간을 한다.

팬에 감자가 잠겨질 만큼 기름을 넣고 160℃ 정도의 온도에서 2분 정도 튀긴다. 키친타월에 기름기를 빼고 뜨거울 때 소금을 뿌린다.

볶아서 식힌 양파와 소고기를 섞고, 우유 1작은술, 달걀 1큰술, 빵가루 1큰술, 소금, 검은 후춧가루를 넣는다. 잘 치대어 갈라지지 않게 한다.

치댄 스테이크는 럭비공 모양을 잡은 후, 식용유를 두르고 약한 불로 속까지 잘 익힌다. 90% 정도 익으면 버터 1큰술을 넣어 끼얹으며 버터의 향을 입힌다.

접시 위에 감자, 시금치, 당근 순서로 담고 가운데 살리스버리 스테이크를 올린다.

🍳 기적의 TIP

- 프라이팬과 냄비의 사용이 많고 복잡하다. 냄비 사용을 먼저 하고, 프라이팬에서 깨끗한 재료부터 볶는 것이 좋다.
  - 냄비 사용 : 감자 데침 → 시금치 데침 → 당근 데침 → 당근 조림
  - 프라이팬 사용 : 양파 1/2 마른팬에 볶음 → 양파 1/2 + 시금치 볶음 → 감자 튀김 → 스테이크 굽기
- 시금치는 끓는 물에 살짝 데쳐 찬물에 빠르게 헹궈야 한다. 양파의 반은 볶고 나머지 반은 시금치 볶을 때 사용하므로 분리해 둔다.
- 마른 빵가루는 거칠어서 구울 때 탈 수 있으므로 달걀과 우유에 불려서 사용하는 것이 좋다.
- 갈은 소고기의 입자가 굵으면 칼로 다져서 사용해야 스테이크가 갈라지거나 타지 않는다.
- 달궈진 팬에 스테이크를 올리고 불을 약하게 해야 속까지 잘 익는다.

서로인 스테이크

▶ 합격 강의

준비할 재료

소고기(등심) 200g, 감자 1/2개, 당근 70g, 시금치 70g, 소금 2g, 검은 후춧가루 1g, 식용유 150mL, 무염 버터 50g, 흰 설탕 25g, 양파 1/6개

요구사항

주어진 재료를 사용하여 다음과 같이 서로인 스테이크를 만드시오.

1. 온도를 잘 맞추어 미디움(Medium)으로 구우시오.
2. 더운 채소(당근, 감자, 시금치)를 각각 모양 있게 만들어 함께 내시오.

이렇게 썰기

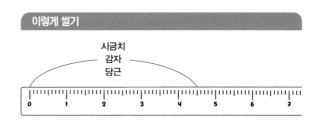

시금치
감자
당근

시금치는 뿌리 부분을 정리하고 끓는 물에 소금을 넣고 살짝 데친다. 찬물에 헹궈서 물기를 빼고 4~5cm로 썬다.

감자의 길이는 4~5cm, 폭과 넓이는 0.8~1cm 정도의 막대 모양으로 4개 정도 잘라서 찬물에 담가 전분을 제거한다. 끓는 물에 반 정도 익혀서 빼고 찬물에 헹구지 않는다.

당근은 두께 0.5cm 정도의 원형으로 3개 정도 자르고 지름 4~5cm로 각을 돌려 깎아서 끓는 물에 데쳐 낸다.

데친 당근은 설탕 1큰술, 버터 1작은술, 물 1/4컵을 넣고 윤기나게 조린다.

양파는 굵게 다진다. 팬에 버터를 두르고 양파를 볶다가 시금치를 볶은 후, 소금과 검은 후춧가루로 간을 한다.

팬에 감자가 잠길만큼 기름을 넣고 160℃ 정도의 온도에서 2분 정도 튀긴다. 키친타월에 기름기를 빼고 뜨거울 때 소금을 뿌린다.

등심은 힘줄은 끊어주고 두꺼우면 칼등으로 두드려서 부드럽게 한다. 소금, 후추로 밑간을 한다.

팬에 식용유를 두르고 강한 불로 먼저 익히고, 중불로 바꿔 속을 미디움으로 익힌다. 꺼내기 30초 전에 버터 1큰술을 넣어 끼얹으며 버터의 향을 입힌다.

접시 위에 감자, 시금치, 당근 순서로 담고 가운데 등심을 올린다.

🍳 기적의 TIP

- 당근은 설탕물을 완전히 졸여야 윤기가 잘 난다. 시금치를 볶을 때 양파의 색이 나지 않게 약한 불로 재빨리 볶는다.
- 일반적으로 등심은 칼등으로 두드리지 않는다. 시험에서는 간혹 질긴 부위가 제공이 되는데 이럴 때는 칼등으로 두드려서 연육을 한다.
- 시험장마다 제공되는 고기의 두께가 다른데 미디움으로 굽는 방법은 다음과 같다.
  - 앞, 뒷면을 강불 30초~1분 정도 갈색이 나게 굽는다.
  - 고기의 두께가 2cm 정도 된다면 중불로 줄여서 앞면 2분, 뒷면 2분으로 익힌다.
  - 고기의 두께가 4cm 정도 된다면 중불에서 앞면 4분, 뒷면 4분으로 익힌다.
- 서로인 스테이크를 구운 후 바로 완성접시에 담지 말고 다른 접시에 두었다가, 핏물이 조금 빠지고 레스팅이 되면 완성접시로 옮긴다.

치킨 알라킹

▶ 합격 강의

준비할 재료

닭다리(허벅지살 포함, 반 마리 지급 가능) 1개, 청피망 1/4개, 홍피망 1/6개, 양파 1/6개, 양송이 2개, 무염 버터 20g, 밀가루(중력분) 15g, 우유 150mL, 정향 1개, 생크림 20mL, 소금 2g, 흰 후춧가루 2g, 월계수잎 1잎

요구사항

주어진 재료를 사용하여 다음과 같이 치킨 알라킹을 만드시오.

1. 완성된 닭고기와 채소, 버섯의 크기는 1.8cm × 1.8cm로 균일하게 하시오.
2. 닭뼈를 이용하여 치킨 육수를 만들어 사용하시오.
3. 화이트 루(Roux)를 이용하여 베샤멜 소스 (Bechamel Sauce)를 만들어 사용하시오.

이렇게 썰기

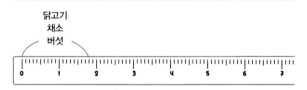

닭고기
채소
버섯

1 닭은 핏물과 기름기를 제거하고 포를 떠서 살을 발라낸다. 껍질과 힘줄을 제거한다.

2 발라낸 닭고기는 익으면서 줄어들기 때문에 2cm 정도로 자른다.

3 냄비에 버터를 두르고 닭고기와 닭뼈를 볶다가 물 2~3컵을 넣어 뚜껑을 열고 끓인다. 끓으면 거품을 제거하고 중불로 줄여서 10분간 끓인 다음 면포로 걸러서 육수와 닭살을 분리한 후, 닭뼈는 버린다.

4 양파, 청피망, 홍피망, 양송이는 1.8 × 1.8cm로 자르고, 월계수잎에 정향을 꽂아 부케가르니를 만든다.

5 팬에 버터를 두르고 양파, 양송이, 피망 순서로 각각 따로 볶는다.

6 냄비에 버터 2큰술과 밀가루 2큰술을 넣어 약한 불로 살짝 볶아 화이트 루를 만든다. 닭 육수 2컵을 1큰술씩 나누어 넣어가면서 멍울이 없게 잘 푼다.

7 육수를 모두 넣고 묽어지면 부케가르니(월계수잎, 정향), 양파, 양송이, 닭살을 넣어 끓인다.

8 걸쭉해지면 우유 1컵을 넣어 다시 걸쭉해질 때까지 끓인다.

9 생크림 1큰술, 피망, 소금, 흰 후춧가루로 간을 한다.

기적의 TIP

- 시험장에 따라 닭다리 또는 반 마리로 지급될 수 있으므로, 닭가슴살과 다리살을 발골하는 방법을 모두 알아두어야 한다.
- 치킨 알라킹에서 불은 '육수 끓이기 → 팬에 재료 볶기 → 루 만들기' 순서로 사용한다.
- 화이트 루를 풀 때에는 육수를 조금씩 넣고 섞어야 덩어리가 생기지 않는다.
- 양송이나 피망은 먼저 넣으면 뭉그러지고 색이 변하므로 나중에 넣는다.

치킨 커틀렛

▶ 합격 강의

준비할 재료

닭다리(허벅지살 포함, 반 마리 지급 가능) 1개, 달걀 1개, 밀가루(중력분) 30g, 빵가루 50g, 소금 2g, 검은 후춧가루 2g, 식용유 500mL, 냅킨 2장

요구사항

주어진 재료를 사용하여 다음과 같이 치킨 커틀렛을 만드시오.

1. 닭은 껍질째 사용하시오.
2. 완성된 커틀렛의 색에 유의하고 두께는 1cm로 하시오.
3. 딥팻후라이(Deep Fat Frying)로 하시오.

닭다리의 발목 부분에 돌려가면서 칼집을 넣는다. 뼈 쪽으로 칼집을 넣고 살을 뼈에서 발라낸다. 힘줄은 칼등으로 밀어서 제거한다.

오그라들지 않도록 껍질과 힘줄에 칼집을 넣고, 칼등으로 두드린다.

닭살 양쪽에 소금, 검은 후춧가루로 밑간을 한다.

밀가루, 달걀, 빵가루 순서로 옷을 입힌다.

깊은 프라이팬에 식용유를 넉넉히 넣고 160~180℃에서 딥팻후라이(Deep Fat Frying)하여 황금색이 나도록 5분 정도 튀긴다.

기름기를 제거하고, 완성접시에 담는다.

기적의 TIP

- 치킨 알라킹은 껍질을 벗겨 사용하고, 치킨 커틀렛은 껍질을 벗기지 않는다.
- 치킨 커틀렛의 완성 두께는 1cm인데, 익으면서 두꺼워지므로 얇게 포를 뜬다. 살의 두께가 두꺼우면 닭살을 0.7cm 정도가 되도록 포를 떠서 사용한다.
- 닭을 능숙하게 발골할 수 있어야 한다.

스파게티 카르보나라

▶ 합격 강의

반복학습 **1 2 3**   조리법 파스타 조리   시험시간 30분   **짝꿍과제** 브라운 그래비 소스, 햄버거 샌드위치

준비할 재료

스파게티 면(건조 면) 80g, 올리브 오일 20mL, 무염 버터 20g, 생크림 180mL, 베이컨(길이 25~30cm) 1조각, 달걀 1개, 파마산 치즈가루 10g, 파슬리 1줄기, 소금 5g, 검은 통후추 5개, 식용유 20mL

요구사항

주어진 재료를 사용하여 다음과 같이 스파게티 카르보나라를 만드시오.

1. 스파게티 면은 Al Dente(알 덴테)로 삶아서 사용하시오.
2. 파슬리는 다지고 통후추는 곱게 으깨서 사용하시오.
3. 베이컨은 1cm 정도 크기로 썰어, 으깬 통후추와 볶아서 향이 잘 우러나게 하시오.
4. 휘핑크림은 달걀 노른자를 이용한 리에종(Liaison)과 소스에 사용하시오.

1 냄비에 물을 넉넉히 넣어 스파게티를 삶을 준비를 한다. 물이 끓으면 소금 1큰술, 식용유 1큰술을 넣고 면을 7~8분 정도 삶는다. 찬물에 헹구지 않고 넓은 집시에 스파게티를 펼치고 올리브유를 버무려 놓는다.

2 베이컨은 1cm 정도로 썰고, 파슬리는 다지고, 통후추는 곱게 으깬다.

3 생크림 2큰술과 달걀 노른자를 섞어 리에종을 만든다.

4 팬에 버터, 올리브유 1큰술씩 두르고, 약~중불로 베이컨, 통후춧가루를 볶는다.

5 과정 4에 생크림 남은 분량을 넣어 끓인다. 3~5분 정도 끓이고 소스가 걸쭉해지면 스파게티, 파마산 치즈가루, 소금으로 간을 한다. 리에종은 두세 번에 나누어 조금씩 넣는다.

6 접시에 담고 파슬리 가루를 뿌린다.

🍳 기적의 TIP

- 파스타는 찬물에 헹구지 않는다.
- 알 덴테(Al Dente)는 씹는 맛이 나도록 조리하는 것을 말하는데, 면에 심이 있을 정도로 삶는 것을 말한다.
- 면을 삶는 가장 좋은 방법은 까르보나라를 만들기 직전에 삶는 것이지만, 조리기능사 시험에서는 한 개의 가스불만 사용이 가능하므로 미리 면을 삶아 불지 않도록 해야 한다.
- 면을 미리 삶은 경우, 체에 받쳐 놓으면 면끼리 뭉치므로 넓은 접시에 스파게티를 펼쳐두고 올리브유를 뿌려서 면끼리 들러붙는 것을 방지한다.
- 리에종(Liaison)은 소스, 수프 등에 농도를 맞추기 위해 노른자, 밀가루 등을 넣어 걸쭉하게 만든 농후제이다. 노른자와 생크림을 1:1 정도로 섞어 마지막쯤 넣어 분리되지 않게 한다.
- 리에종을 넣고 오래 끓이면 분리되어 기름이 생긴다.

토마토소스
해산물 스파게티

▶ 합격 강의

준비할 재료

스파게티 면(건조 면) 70g, 토마토캔 (홀필드, 국물 포함) 300g, 마늘 3 쪽, 양파 1/2개, 바질 4잎, 파슬리 1 줄기, 방울토마토 2개, 올리브오일 40mL, 껍질새우 3마리, 모시조개 (바지락 대체 가능) 3개, 오징어 몸통 50g, 관자살 1개(작은 관자 3개), 화이트와인 20mL, 소금 5g, 흰 후 춧가루 5g, 식용유 20mL

요구사항

주어진 재료를 사용하여 다음과 같이 토마토소스 해산물 스파게티를 만드시오.

1. 스파게티 면은 Al Dente(알 덴테)로 삶아서 사용하시오.
2. 조개는 껍질째, 새우는 껍질을 벗겨 내장을 제거하고, 관자살은 편으로 썰고, 오징어는 0.8cm × 5cm 크기로 썰어 사용하시오.
3. 해산물은 화이트와인을 사용하여 조리하고, 마늘과 양파는 해산물 조리와 토마토소스 조리에 나누어 사용하시오.
4. 바질을 넣은 토마토소스를 만들어 사용하시오.
5. 스파게티는 토마토소스에 버무리고 다진 파슬리와 슬라이스한 바질을 넣어 완성하시오.

이렇게 썰기

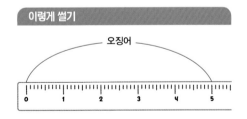
오징어

냄비에 물을 넉넉히 넣어 스파게티를 삶을 준비를 한다. 물이 끓으면 소금, 식용유 1큰술씩을 넣고 면을 7~8분 정도 삶는다. 면은 체로 건져서 넓은 접시로 옮기고, 올리브유를 뿌려 버무린다.

마늘과 양파는 다지고, 바질은 채를 썰고, 파슬리는 굵게 다진다. 방울토마토는 끓는 물에 데쳐서 껍질을 벗긴다.

새우는 내장과 껍질을 제거하고, 조개는 소금 1작은술, 물 1컵을 넣고 해감을 한다. 오징어는 내장 쪽에 격자로 칼집을 넣어 0.8 × 5cm 정도 크기로 썰고, 관자는 막을 제거하고 편을 썬다.

홀토마토는 심지를 제거하고 다진다.

냄비(팬)에 올리브유를 두르고 마늘을 약한 불에서 볶는다. 마늘이 볶아지면 양파를 볶아 투명하게 하고 다진 홀토마토를 넣어 약한 불로 10분 정도 끓인다. 국물이 자작해지면 바질을 넣어 토마토소스를 만든다.

팬에 올리브유를 두르고 마늘을 약한 불에서 볶는다. 마늘이 볶아지면 양파, 해산물을 넣고 화이트 와인 1큰술을 넣어 조개가 입이 벌어질 때까지 익힌다.

6번에 토마토소스, 스파게티, 방울토마토, 소금, 흰 후춧가루를 넣고 그릇에 담는다. 바질, 파슬리를 위에 뿌린다.

🍳 **기적의 TIP**

• 면 삶은 물(면수)을 남겨두고 스파게티의 농도를 맞추는 데 사용할 수 있다.
• 요구사항대로 마늘과 양파는 토마토소스와 팬에서 볶을 때 두 군데로 나누어 사용한다.

스페니쉬 오믈렛

▶ 합격 강의

준비할 재료

토마토 1/4개, 양파 1/6개, 청피망 1/6개, 양송이 10g(1개), 베이컨 1/2조각, 토마토케첩 20g, 검은 후춧가루 2g, 소금 5g, 달걀 3개, 식용유 20mL, 무염 버터 20g, 생크림 20mL

요구사항

주어진 재료를 사용하여 다음과 같이 스페니쉬 오믈렛을 만드시오.

1. 토마토, 양파, 청피망, 양송이, 베이컨은 0.5cm의 크기로 썰어 오믈렛 소를 만드시오.
2. 소가 흘러나오지 않도록 하시오.
3. 소를 넣어 나무젓가락과 팬을 이용하여 타원형으로 만드시오.

달걀은 소금 1/3작은술, 생크림 1큰술을 섞은 후 잘 풀어서 체에 내린다.

토마토는 끓는 물에 데쳐서 껍질과 씨를 제거하고 0.5cm로 자른다.

양파, 청피망, 양송이, 베이컨은 0.5cm 로 일정하게 자른다.

팬에 버터를 두르고 베이컨, 양파, 양송이, 피망, 토마토 순서로 볶는다. 케첩 1큰술과 소금, 검은 후춧가루를 넣어 살짝 볶는다.

오믈렛 팬에서 식용유 1큰술을 두르고 달걀을 약한 불로 스크램블 한다.

달걀이 익으면서 달걀물이 줄어들고, 젓가락으로 긁었을 때 팬의 바닥이 보이기 시작하고, 달걀이 반 정도 익으면 달걀을 팬의 앞으로 몰아준다. 오믈렛 팬 너비의 2/3 정도 달걀이 차지하도록 한다.

달걀의 가운데에 볶아 놓은 케첩 소스를 넣고, 달걀 위쪽의 양쪽 끝을 삼각형으로 접어가면서 돌돌 만다.

타원형의 럭비공 모양이 되게 만들고 속이 익을 수 있도록 약한 불에서 굴린다. 마지막에 버터 1큰술을 넣어 윤기나게 하고 버터의 향이 풍부하도록 코팅시킨 후, 완성접시에 담는다.

🧑‍🍳 기적의 TIP

- 스크램블(Scramble)은 재료를 저어서 거품이 생기게 하거나 볶는 조리 방법을 말한다.
- 스크램블 덩어리가 커지지 않도록 젓가락으로 빠르게 휘저으며 곱게 만든다.
- 양송이가 지저분하다면 안쪽에서부터 껍질을 벗겨 사용한다.

치즈 오믈렛

▶ 합격 강의

반복학습 1 2 3　　조리법 조식 조리　　시험시간 20분　　**짝꿍과제** 프렌치 프라이드 쉬림프, BLT 샌드위치

준비할 재료

달걀 3개, 치즈 1장, 무염 버터 30g, 식용유 20mL, 생크림 20mL, 소금 2g

요구사항

주어진 재료를 사용하여 다음과 같이 치즈 오믈렛를 만드시오.

1. 치즈는 사방 0.5cm로 자르시오.
2. 치즈가 들어가 있는 것을 알 수 있도록 하고, 익지 않은 달걀이 흐르지 않도록 만드시오.
3. 나무젓가락과 팬을 이용하여 타원형으로 만드시오.

달걀은 소금 1/3작은술, 생크림 1큰술을 잘 섞어 체에 내린다.

치즈는 0.5cm로 잘라서 반은 달걀에 넣어 섞고, 반은 속 재료로 사용한다.

오믈렛 팬에서 식용유 1큰술을 두르고 달걀을 약한 불로 스크램블 한다.

달걀이 익으면서 달걀물이 줄어들고, 젓가락으로 긁었을 때 팬의 바닥이 보이기 시작하고, 달걀이 반 정도 익으면 달걀을 팬의 앞으로 몰아준다.

달걀의 가운데에 치즈를 넣고, 달걀 위쪽의 양쪽 끝을 삼각형으로 접어가면서 돌돌 만다.

타원형의 럭비공 모양이 되게 만들고 속이 익을 수 있도록 약한 불에서 굴린다. 마지막에 버터 1큰술을 넣어 윤기나게 하고 버터의 향이 풍부하도록 코팅시킨 후, 완성접시에 담는다.

기적의 TIP

• 달걀을 젓가락이나 거품기를 이용해 풀어줘야 체에 잘 내려간다.
• 오믈렛은 요구사항대로 젓가락으로 만드는 연습을 충분히 해야 한다.
• 표면이 거칠어지지 않도록, 속 내용물이 익지 않아 흐르는 게 없도록, 오믈렛이 터지지 않도록 만든다.

MEMO

MEMO

MEMO

MEMO

MEMO

내가 깨면 병아리가 되지만
남이 깨면 달걀 프라이가 된다.

강호동

**이기적 강의는
무조건 0원!**

이기적 영진닷컴 🔍

**강의를 듣다가
궁금한 사항은?**

이기적 스터디 카페 🔍

자격증은 이기적!

합격입니다.

이기적 강의는
무조건 0원!

이기적 영진닷컴   🔍

강의를 듣다가
궁금한 사항은?

이기적 스터디 카페   🔍